新鮮な自家製パスタ料理本

家庭でパスタを作る古くからの技術をマスターし、友人や家族を感動させるための 100 の素晴らしいレシピ

さゆり 井上

無断転載を禁じます。

免責事項

目次

4

6

導入

生パスタを作るのに使用される材料は小麦粉と卵、そして必要に応じて塩です。これは、自家製パスタを作る際の最も不可解な側面の1つにつながります。主な材料が2つしかないので、一体何が大騒ぎになっているのかと疑問に思うのも無理はありません。どうしてそれが難しいのでしょうか？ まあ、もちろん難しいことをする必要はありません。

適切な量の液体と適切な種類の小麦粉を注意深く従えば、毎回素晴らしい結果が得られる簡単なレシピがあります。ただ、望ましい結果を生み出すためにレシピを変える方法はたくさんあるので、関係する変数を考慮するだけでも価値があります。

現在、毎日のパスタに使用される古典的なイタリアの小麦粉は、イタリアやその他の一部の国では「00」小麦粉として知られています。イタリア人は小麦粉の色を00から04のスケールで表します。色は、小麦粉からどれだけのふすまと胚芽が「抽出」されたかによって決まります。小麦粉に色を与えるのはふすまと胚芽です。したがって、「00」はふすまと胚芽がすべて除去されているため、非常に白く滑らかな小麦粉であり、もちろん、多くの用途に理想的な絹のように滑らかなパスタを生成します。

このような特殊な場合を除き、グルテンはパスタ製造プロセスの重要な要素です。液体と混合してしばらく放置すると、グルテンは化学レベルで結合を形成します。こうすることで生地に伸縮性と弾力が生まれます。生地をまとめて保持し、崩れたり崩れたりするのを防ぎます。グルテンはパン生地に特性を与えるのと同じ成分です。

生地

1．セモリ生地

材料

● 中力粉 2 1/2 カップ、さらに打ち粉用に追加

● セモリナ粉 1 3/4 カップ

● 水 1 1/4 カップ

方向

a) パドルアタッチメントを取り付けたスタンディングミキサーのボウルに小麦粉、セモリナ粉、水を入れて混ぜ、生地がまとまるまで低速で混ぜます。

b) ミキサーの電源を切り、パドルアタッチメントを取り外し、生地フックと交換します。ボウルの側面をこすり落とし、中速で生地フックを使って生地をボール状になるまで約 5 分間叩きます。平らな作業台に小麦粉をまぶします。

c) 生地を打ち粉をした表面に出し、ボールが弾力を感じ始め、生地の表面が滑らかで絹のように感じるまで、20〜25 分間ゆっくりとこねます。

d) 生地をラップで包み、冷蔵庫で少なくとも 45 分間、最大で一晩休ませてから、シートに包みます。

2. 乾燥た生地

材料

● 中力粉 **1 1/2** カップ、さらに打ち粉用に追加

● 特大の卵黄 **12** 個（卵黄 **16** オンス）を中くらいのボウルに入れて泡立てます。

方向

a) パドルアタッチメントを取り付けたスタンディングミキサーのボウルに小麦粉を入れ、低速で機械を動かし始めます。ミキサーを動かしながら、卵黄を少しずつ加え、生地がまとまるまで混ぜます。ミキサーの電源を切り、平らな作業台に小麦粉をまぶします。

b) 生地を打ち粉をした台の上に出し、ボールの形に成形し、ボールが弾力を感じ始め、生地の表面が滑らかで絹のような感触になるまで、**20〜25** 分間ゆっくりとこねます。

c) 生地をラップで包み、冷蔵庫で少なくとも **45** 分間、最大で一晩休ませてから、シートに包みます。

3. 基本の生地

材料

- 中力粉 2 1/4 カップ、さらに打ち粉用に追加

- 特大卵 3 個

- 特大卵黄 6 個

方向

a) パドルアタッチメントを取り付けたスタンドミキサーのボウル
   に小麦粉、卵、卵黄を入れ、生地がまとまるまで低速で混ぜま
   す。ミキサーの電源を切り、パドルアタッチメントを取り外
   し、生地フックと交換します。

b) ボウルの側面をこすり落とし、中速で生地フックを使って生地
   をボール状になるまで約 5 分間叩きます。平らな作業台に小麦
   粉をまぶします。

c) 生地を打ち粉をした表面に出し、ボールが弾力を感じ始め、生
   地の表面が滑らかで絹のように感じるまで、20〜25 分間ゆっ
   くりとこねます。

d) 生地をラップで包み、冷蔵庫で少なくとも 45 分間、最大で一
   晩休ませてから、シートに包みます。

鶏肉のパスタ

4．チキンテトラッツィーニ

1回分分量8

材料

- 8オンス スパゲッティ
- オリーブオイル大さじ1
- 鶏胸肉細切り4枚
- 塩コショウ 少々
- スライスした新鮮なキノコ1カップ
- みじん切りの赤ピーマン1個
- 玉ねぎみじん切り1個
- ニンニクのみじん切り4片
- バター1/4カップ
- 小麦粉大さじ3
- タイム小さじ1/2
- チキンスープ1カップ
- 1カップ牛乳
- 白ワイン1/4カップ
- ガーリックソルト小さじ1/2
- オレガノ小さじ1/2
- コショウ適量
- シュレッドイタリアンチーズミックス1/2カップ

方向

a) スパゲッティを鍋に加え沸騰したお湯で10分間茹でます。

b) 大きなフライパンに油を熱します。

c) ピーマン、マッシュルーム、タマネギ、ニンニクをフライパンに入れ、野菜が柔らかくなり、鶏肉のピンク色がなくなるまで、5分間炒めます。

d) 鍋にバターを溶かし、小麦粉を入れて混ぜます。

e) ペーストが形成されるまでかき混ぜ続けます。

f) 絶えずかき混ぜながら、スープ、牛乳、ワインをゆっくりと注ぎます。

g) コショウ、オレガノ、タイムでソースを味付けします。

h) イタリア産チーズブレンドを加え、チーズが溶けるまで5分間かき混ぜます。

i) 焼き色を付け、調理した野菜を加え、5分間煮ます。

18

5. クレームフレーシュチキンパスタ

1回分量 4

材料

- オリーブオイル大さじ1
- 鶏切身6枚
- 白ワイン1/4カップ
- チキンスープ1/4カップ
- 塩コショウ少々味
- 8オンス 蝶タイパスタ
- みじん切りエシャロット大さじ2
- ニンニクみじん切り3片
- スライスしたキノコ1カップ
- クレームフレッシュ2カップ
- すりおろしたパルメザンチーズ1/3カップ
- パセリみじん切り大さじ2

方向

a) 大きなフライパンに油を熱します。

b) 鶏肉を5分間焼きます。

c) ワインとスープを注ぎ、塩、コショウで味を調えます。

d) 20分間煮ます。

e) 鶏肉が沸騰して泡が出たら、塩を入れた鍋で、パスタを10分間ゆで、水を切ります。脇に置いておきましょう。

f) トングを使って鶏肉を皿に移し、立方体に切ります。

g) 玉ねぎ、にんにく、きのこをフライパンに加え、5分ほど炒めます。

h) 角切りにした鶏肉をフライパンに戻し、生クリームを入れて混ぜます。

i) 5分間煮ます。

j) パスタを器に盛り、ソースをパスタの上に注ぎます。

k) パルメザンチーズとセロリのみじん切りをトッピングします。

21

6. パタイ

1回分 6回分

材料

- 12オス ビーフン
- ピーナツ油大さじ2
- 角切りチキン1/2カップ
- ニンニクのみじん切り3片
- ネギみじん切り3本
- オリーブオイル大さじ1
- 卵4個
- スイートチリソース小さじ2
- 白ワインビネガー大さじ1
- 魚醤大さじ2
- ライムジュース小さじ1
- ピーナッツソース大さじ1
- 砂糖大さじ2
- 砕いたピーナッツ1/4カップ

方向

a) ビーフンをボウルの水5分間浸します。水を切って脇に置きます。

b) 大きなフライパンにピーナツ油を熱します。

c) ニンニク、ネギ、鶏を5分間炒めます。

d) 鶏を皿に移し、脇に置きます。

e) 同じフライパンにオリーブオイルを入れて熱し、卵を割り入れます。

f) 卵が固まるまで約5分間スクランブルします。

g) チリソース、白ワインビネガー、魚醤、ライムジュース、ピーナッツソース、砂糖を加えて混ぜます。

h) よくかき混ぜば

i) 鶏をフライパンに戻し、3分間焼きます。

j) 麺をフライパンに移し、よく炒めます。

k) 砕いたピーナッツをトッピングします。

7. チキンラザニア

1回分 6回分

材料

- 茹でた生ラザニア麺6 本
- 調理済み挽肉の細切り1カップ
- オリーブオイル大さじ1
- 刻んだキノコ1/2 ポンド
- みじん切りの赤ピーマン1個
- みじん切りの小さな玉ねぎ1個
- ニンニクのみじん切り3 片
- チキンスープ1/4 カップ
- 8オンス クリームチーズ
- オレガノ 小さじ1/2
- 塩とコショウ少々
- 細切りモッツァレラチーズ2 カップ
- トマトソース3 カップ

方向

a) オーブンを華氏350度で予熱します。

b) フライパンにオリーブオイルを入れて熱し、キノコ、ピーマン、玉ねぎ、にんにくを5分ほど炒めます。

c) 細切りにした挽肉、スープ、クリームチーズ、マッシュルーム、ピーマン、玉ねぎ、ニンニク、オレガノをボウルに入れて混ぜます。

d) モッツァレラチーズ1カップを加えて混ぜ、塩とコショウで味付けします。

e) トマトソース1カップを9×13のグラタン皿に注ぎます。

f) ラザニア麺、チキンミックス、トマトソースの3層を作ります。

g) 残りのカップの細切りモッツァレラチーズをトッピングします。

h) 45分間焼きます。

8. カレーチキンパスタサラダ

1回分 6回分

材料

- 8オンス コキ圧
- マヨネーズ1カップ
- サワークリーム1カップ
- 角切り調理済鶏肉3カップ
- 刻んだクルミ1/2カップ
- レーズン1/2カップ
- カレー粉小さじ2
- 塩コショウ少味
- ネギみじん切り3本

方向

a) パスタを塩を加えた熱湯で10分間茹でます。水を切って冷まします。

b) ボウルにマヨネーズ、サワークリーム、鶏肉、クルミ、レーズン、カレー粉、塩、コショウ、ねぎを入れて混ぜます。

c) パスタを入れてよく混ぜます。

d) パスタを3時間冷蔵します。

9. アアンチャサラダ

1回分量 4

材料

- ブラウンシュガー大さじ2
- 醤油大さじ1
- ごま油大さじ2
- 酢大さじ3
- 刻んだレタス1個
- 細切り鶏肉1 1/2カップ
- ネギみじん切り4本
- 皮をむいてすりおろしたニンジン1本
- スナップエンドウ1カップ
- マンダリンオレンジスライス1/4カップ
- 煎りゴマ小さじ2
- アーモンドスライス大さじ3
- 8オンス缶入り焼そば

方向

a) 黒糖醤油 ごま油 酢を合わせて容器に注ぎます。

b) 30分間置きます

c) レタス、鶏肉、ねぎ、にんじん、スナップエンドウ オレンジのスライスを大きなボウルに入れます。

d) サラダドレッシングを和えます。

e) ゴマ アーモンドスライス、缶詰焼そばをトッピングします。

10. 醋麵

1回分 6回分

材料

- 米酢1/4カップ
- 魚醤大さじ2
- レモン半分の果汁
- ブラウンシュガー大さじ1
- シラチャーソース大さじ1
- みじん切りにした鶏肉3/4カップ
- 16オンス幅ビーフン パッケージの指示に従って調理
- キャノーラ油1/4カップ
- ニンニクのみじん切り4片
- 小さな玉ねぎのみじん切り1個
- オイスターソース1/2カップ
- 醤油大さじ2
- 皮をむいてすりおろしたニンジン3本
- 角切りトマト1個
- スライスしたキノコ1カップ
- ベビーコーン1/2個
- みじん切り葱大さじ3
- 刻んだコリアンダー1カップ

31

方向

a) ボウルに酢、醤油、レモ汁、黒糖、シラチャーソースを入れて混ぜます。
b) 鶏肉を加えてよくコーティングします。
c) 鶏肉を時間取ります。
d) フライパンにキャノーラ油熱し。
e) ニンニクとタマネギを分間炒めます。
f) マリネ液鶏肉を加えてよくかき混ぜます。
g) 10分間煮ます。
h) 残りの材料を加えて5分間かき混ぜ続けます。

11.　チキンスキレットディッシュ イタリアンスタイル

1回分量 4

材料

- オリーブオイル大さじ1
- 角切りにした鶏肉1 1/2 カップ
- ニンニクのみじん切り4片
- 玉ねぎのみじん切り1個
- みじん切りの緑ピーマン1個
- みじん切りの赤ピーマン1個
- 赤ワイン1/2 カップ
- 角切りトマトジュース入り1缶28オンス
- チキンスープ1/2 カップ
- イタリアンシーズニングまたはお好みの調味料小さじ1
- 8オンス 小さな形のパスタ
- 6オンスみじん切りほうれん草
- すりおろしたパルメザンチーズ1 カップ
- バジルのみじん切り小さじ2

方向

a) 大きめのフライパンにオリーブオイルをいれて熱し、鶏肉を5分ほど焼きます。
b) にんにく、玉ねぎ、ピーマンを加え、さらに5分間炒めます。
c) ワイン、トマトジュース、スープ、イタリアンシーズニングを加えて混ぜます。
d) 液体を沸騰させ、フライパンにパスタを加えます。
e) パスタを中火で10分間完成するまで加えます。
f) ほうれん草とパルメザンチーズを加え、さらに5分間煮ます。
g) 刻んだバジルをトッピングしてお召し上がりください♪

。

12.　　チキンとエビのカルボナーラ

1回分 6回分

材料
- オリーブオイル1/4 カップ 4割
- チキンキューブ1ポンド
- ニンニクのみじん切り大さじ4 4分け
- タイム小さじ1
- オレガノ小さじ1
- バジル小さじ1
- 皮をむいて背ワタを取除いたエビ1ポンド
- 16オス リングイネ
- 角切りベーコン6枚
- 塩コショウ 加味
- 玉ねぎみじん切り1個
- スライスしたキノコ1カップ
- みじん切り赤ピーマン1個
- 生クリーム2カップ
- 牛乳1カップ
- すりおろしたパルメザンチーズ1 1/2 カップ
- 卵黄2個
- 白ワイン1カップ

方向

a) 大きな鍋にオリーブ大さじ2を入れて熱します。

b) ニンニクの粉を炒め、タイム、オレガノ、バジルで味付けします。

c) 鶏肉を入れて混ぜ、弱火で10分煮ます。

d) 鶏肉を皿に置き、脇に置きます。

e) 同じフライパンにオリーブ油大さじ2を熱し、残りのにんにくを2分炒めます。

f) エビを加えてかき混ぜ、弱火で6分間調理します。

g) エビを鶏肉と一緒に移します。

h) リングイネを塩入れ鍋に2分間入れる

i) もう一度同じフライパンを使用して、ベーコンを完了するまで約5分間炒めます。

j) ベーコンはペーパータオルの上に残し切り、崩します。脇置きでおきましょう。

k) 玉ねぎ、ピーマン、キノコをベーコンの脂と一緒に鍋に5分間炒めます。

l) ボウルに生クリーム、牛乳、パルメザンチーズ、卵黄、塩、こしょうを入れて混ぜます。

m) 鍋に玉ねぎ、ピーマン、キノコを入れてワインを加えて沸騰させます。

n) 弱火で5分間調理します。

o) 生クリーム混合物を加えてかき混ぜ、5分間煮ます。

p) エビと鶏肉を鍋に戻し、ソースを絡める

q) エビとチキンをパスタと一緒にお召し上がりください。

13.　　　ロズマリナ パスタのスープ

奉仕します 4

材料

- オリーブオイル 小さじ 2
- 全粒粉パスタの殻 1/2 ℃または 殻 1/2 ℃
- ニンニク 1 片（細かくみじん切り）
- パスタ
- エシャロット 1 個（細かく刻んだもの）
- ローズマリー 小さじ 1
- 3 ～ 4 ℃ 無脂肪チキンスープまたは 3 ～ 4 ℃
- 3 C. ほうれん草の皮をむき、切り取ったもの
- 野菜ストック
- 黒コショウ 小さじ 1/8
- 角切りトマト 1 缶（14 1/2 オンス）
- 砕いた赤唐辛子のフレーク 1 ダッシュ
- 白インゲン豆（カネリーニなど）1 缶（14 1/2 オンス）

方向

a) 大きな鍋を中火にかけます。そこに油を入れて加熱します。ニンニクとエシャロットを加えて **4** 分間調理します。

b) スープ、トマト、豆、ローズマリー、黒胡椒、赤唐辛子を加えて混ぜます。沸騰し始めるまで煮ます。パスタを加えてかき混ぜ、スープを **12** 分間煮ます。

c) ほうれん草を加えて炒め、汁がしおれるまで煮ます。スープは温めてお召し上がりください。

d) 楽しむ。

14.　ベルタ

奉仕します 8

材料

- オリーブオイル 大さじ 1

- 調理済みインゲン豆 1 1/2 ℃

- 玉ねぎ 1 個（みじん切り）

- 刻んだ新鮮なタイム 小さじ 2

- ニンニク 2 片（みじん切り）

- ほうれん草のみじん切り 1/2C

- 赤ピーマン 1 個（みじん切り）

- 1 C.貝殻パスタ

- 3 C. 低脂肪、低鶏ガラスープ

- 味に挽いた黒コショウ

- 1 C. ホールトマト缶詰（みじん切り）

方向

a) 大きな鍋を中火にかけます。そこに油を入れて加熱します。玉ねぎとにんにくを加えて 5 分ほど炒めます。ピーマンを加えて 3 分間炒めます。

b) スープ、トマト、豆を加えてかき混ぜます。沸騰し始めるまで煮ます。火を弱め、スープを 20 分間煮ます。

c) タイム、ほうれん草、パスタを加えます。スープを 5 分間煮ます。スープの味付けは調整してください。温かいうちにお召し上がりください。

d) 楽しむ。

15. スモークドライトマトのスープ

奉仕します 8

材料

- 細かく刻んだターキーベーコン 2 枚

- 赤または白のスイスチャード 1 束

- 玉ねぎ 1 個（みじん切り）

- 1/4 ℃ オルゾやパスタなどの未調理の小さなパスタ

- ニンニク 1 片（みじん切り）

- パスティナ

- おろしたてのナツメグ 小さじ 1/4（お好みで）

- 新鮮なセージの大きな葉 5 枚（みじん切り）

- 砕いた赤唐辛子のフレーク 小さじ 1/8

- フレッシュバジルの葉 5 枚、粗く刻む（お好みで）（お好みで）

- すりおろしたパルメザンチーズ 大さじ 1（分割）

- 6℃のチキンスープ、または必要に応じてそれ以上（オプション）

- カネリーニ豆 1 缶（15 オンス）、水を切り、

- エクストラバージン オリーブ オイル 大さじ 1、数回に分けて（オプションで）すすいでください - 好みに応じてそれ以上

- みじん切りにしたドライトマト 大さじ 2

- 2オンス パルメザンチーズの皮

方向

a) 大きな鍋を中火にかけます。ベーコン、玉ねぎ、ニンニク、ナ
ツメグ、赤唐辛子のフレークを加え、5分間煮ます。

b) チキンスープとカネリーニ豆を加えてかき混ぜ、沸騰し始める
まで煮ます。サンドライトマトとパルメザンチーズの皮を加え
ます。

c) スープを弱火で10分間煮ます。

d) フダンソウの茎を3/4インチの輪切りに、葉を1インチ幅のス
ライスに切ります。茎とパスタをスープに加え、弱火で10分
間煮ます。

e) スライスしたフダンソウの葉、セージ、バジルを加え、弱火で
5分間煮ます。温かいスープにチーズを添えてお召し上がりく
ださい。

16. チーズとクリームパスタ

奉仕します6

材料

- 1 1/2°ⓒ 小麦粉、プラス

- 赤ピーマン 1 個、千切り

- 小麦粉 大さじ 1

- 白ワイン 1/2℃

- 塩 大さじ 1

- ほうれん草の葉全体（茎付き） 1/2 ポンド

- 黒コショウ 小さじ 2

- 12 液量オンス ヘビークリーム

- イタリアンハーブシーズニング 小さじ 2

- 1 C. パルメザンチーズ（すりおろしたもの）

- 3 ポンド 骨なし皮なし鶏の胸肉

- 3 液量オンス 植物油、分割

- ペンネパスタ 1 ポンド

- にんにくみじん切り 大さじ 1

方向

a) 何かをする前に、オーブンを **350°F** に設定します。

b) 浅い皿を用意します。その中に、**1 1/2 C** の小麦粉、塩、黒コショウ、イタリアンハーブシーズニングを混ぜます。

c) 大きめのオーブン対応のフライパンを中火にかけ、油を少し入れて熱します。

d) 鶏胸肉に小麦粉をまぶし、フライパンで片面 **4** 分ずつ焼きます。鶏肉を入れたフライパンをオーブンに移し、**17** 分間調理します。

e) ペンネパスタをパッケージの表示に従ってデンテになるまで茹でます。

f) 水を切って脇に置きます。

g) ソースを作るには:

h) 大きな鍋を中火にかけます。それに **1** オンスを追加します。油の。赤唐辛子をニンニクと一緒に **1** 分間調理します。小麦粉を加えてかき混ぜます。

i) ワインを加えてかき混ぜ、**1** 分間冷やします。クリームとほうれん草を加え、沸騰し始めるまで煮ます。チーズが溶けるまでかき混ぜます。

j) 大きめのミキシングボウルを用意します。パスタとソースの **1/2** を混ぜ合わせます。温かいパスタを鶏肉と一緒に盛り付け、その上に残りのソースをかけます。

17. クラシックアルフレッド

奉仕します 8

材料

- 皮なし、骨なしの鶏胸肉 6 枚

- 挽いた白コショウ 小さじ 3/4

- 3C.牛乳

- バター 大さじ 6（分割）

- 1C.ハーフアンドハーフ

- ニンニク 4 片（みじん切り、小分け）

- すりおろしたパルメザンチーズ 3/4°C

- イタリアンシーズニング 大さじ 1

- 8 オンス。細切りモントレージャックチーズ

- フェットチーニパスタ 1 ポンド

- ローマ（プラム）トマト 3 個（角切り）

- 玉ねぎ 1 個（みじん切り）

- サワークリーム 1/2°C

- スライスしたキノコ 1 パック（8 オンス）

- 中力粉 1/3C

- 塩 大さじ 1

方向

a) バター大さじ 2 とニンニク 2 片を混ぜたイタリアンシーズニングを鶏肉にからめて炒めます。

b) 肉が完全に火が通るまで炒めたら、すべてを横に置きます。

c) 次に、パスタを水と塩で 9 分間茹で、液体をすべて取り除きます。

d) 同時に玉ねぎをバター大さじ 4 でキノコとニンニク 2 片と一緒に炒めます。

e) 玉ねぎが透明になるまで炒め続け、コショウ、塩、小麦粉を加えて混ぜます。

f) 混合物をかき混ぜて 4 分間調理します。次に、半分と牛乳を少しずつ加え、すべてが滑らかになるまでかき混ぜます。

g) モントレーとパルメザンチーズを加え、チーズが溶けるまで混ぜ合わせ、鶏肉、サワークリーム、トマトを加えます。

h) パスタにチキンミックスとソースをたっぷりかけてお召し上がりください。

18.簡単イタリアンパルミジャーナ

奉仕します 2

材料

- 卵 1 個（溶きほぐす）

- 2 オンス 細切りモッツァレラチーズ

- 2 オンス 乾燥パン粉

- すりおろしたパルメザンチーズ 1/4℃

- 皮と骨を除いた鶏の胸肉 2 枚

- 半分

- スパゲッティソース 3/4 (16 オンス) 瓶

方向

a) クッキングシートに油を塗り、他の作業をする前にオーブンを 350 度に設定します。

b) ボウルを用意し、卵を加えます。

c) 2 番目のボウルを用意し、パン粉を加えます。

d) まず鶏肉に卵をまぶし、次にパン粉をまぶします。

e) 鶏肉をクッキングシートの上に置き、完全に焼き上がるまでオーブンで 45 分間調理します。

f) 次に、パスタソースの半分をキャセロール皿に加え、ソースの上に鶏肉を置きます。

g) 残りのソースを鶏肉の上に置きます。次に、パルメザンチーズとモッツァレラチーズを全体にトッピングします。

h) パルミジャーナをオーブンで 25 分間焼きます。

15. ミラノチキン

奉仕します 4

材料

- バター 大さじ 1
- 塩とコショウの味
- ニンニク 2 片（みじん切り）
- 植物油 大さじ 2
- 1/2℃ サンドライトマト（角切り）
- さいの目に切ったフレッシュバジル 大さじ 2
- 1 C. チキンブロス（分けて）
- 8 オンス。ドライフェットチーニパスタ
- 1C.生クリーム
- 皮なし、骨なしの鶏の胸肉 1 ポンド
- 半分

方向

a) クッキングシートに油を塗り、他の作業をする前にオーブンを 350 度に設定します。

b) ニンニクをバターで 1 分間炒め、3/4℃のスープとトマトを加えます。

c) 火を強めてすべてを沸騰させます。

d) 混合物が沸騰したら、火を弱め、中身を 12 分間調理します。

e) 次にクリームを加え、混合物が濃くなるまですべてを再度沸騰させます。

f) 鶏肉の全体にコショウと塩をまぶし、熱した油で片面 5 分ずつ完全に火が通るまで揚げます。次に、鶏肉を蓋付きのボウルの横に置きます。

g) 鍋からドリップの一部を取り除き、底の部分をこすりながら、1/4℃のスープを沸騰させ始めます。

h) 沸騰したら弱火にし、バジルを加えて煮汁が少し減るまで待ちます。

i) 少なくなったらトマトクリームソースと混ぜ合わせます。

j) 次に、パスタを水と塩で 9 分間茹で始め、液体を取り除き、すべてをボウルに入れます。パスタにトマトクリームソース大さじ 5 ほどを加えて混ぜます。

k) 鶏肉を細切りにし、トマトを再び熱くします。麺を皿ごとに分けます。麺の上に鶏肉を乗せ、その上にソースを乗せます。

16.   ナツアキノパタ

奉仕します 4

材料

- ベーコン 6 枚

- アーティチョークのハツをマリネした瓶 1 (6 オンス)、水を切っておく

- アスパラガスの槍 10 本、端を切り落とし、粗く刻む

- ロティーニ、エルボー、またはペンネ 1/2 (16 オンス) パッケージ

- 調理済み鶏胸肉 1 枚、角切りパスタ

- ドライクランベリー 1/4℃

- 低脂肪マヨネーズ 大さじ 3

- 1/4℃でトーストしたスライスアーモンド

- バルサミコビネグレットサラダドレッシング 大さじ 3

- 塩とコショウの味

- レモン汁 小さじ 2

- ウスターソース 小さじ 1

方向

a) 大きな鍋を中火にかけます。その中でベーコンをカリカリにな
るまで炒めます。余分なグリスを取り除きます。それを砕いて
脇に置きます。

b) パスタをパッケージの表示に従って茹でます。

c) 小さなミキシングボウルを用意します。その中でマヨネーズ、
バルサミコビネグレット、レモン汁、ウスターソースを混ぜ合
わせます。よく混ぜてください。

d) 大きなミキシングボウルを用意します。その中にパスタとドレ
ッシングを入れます。アーティチョーク、鶏肉、クランベリ
ー、アーモンド、砕いたベーコン、アスパラガスを加え、塩と
コショウをひとつまみ加えます。

e) よくかき混ぜます。サラダを冷蔵庫で1時間10分冷やしてか
らお召し上がりください。

17.　チキンテンダーとファルファッレのサラダ

奉仕します 6

材料

- 卵 6 個

- ネギ 3 本（薄切り）

- ファルファッレ（蝶ネクタイ）パスタ 1 パッケージ（16 オンス）

- 赤玉ねぎ 1/2 個（みじん切り）

- 1/2 (16 オンス) ボトルのイタリアンスタイルサラダ

- 鶏ささみ 6 個

ドレッシング

- キュウリ 1 本（スライス）

- ロメインレタスの芯 4 個（薄くスライス）

- 大根 1 束 切り落としてスライスする

- ニンジン 2 本（皮をむいてスライス）

方向

a) 大きめの鍋に卵を入れ、水をかぶせます。卵が沸騰し始めるまで中火で調理します。

b) 火を止めて卵を 16 分間放置します。卵を冷水で洗い、熱を逃がします。

c) 卵の皮をむき、スライスして脇に置きます。

d) 鶏ささみを大きな鍋に入れます。それらを 1/4℃⃝水で覆います。鶏肉に火が通るまで中火で煮ます。

e) 鶏ささみの水気を切り、小さく切ります。

f) 大きなミキシングボウルを用意します。そこにパスタ、鶏肉、卵、キュウリ、大根、ニンジン、ネギ、赤タマネギを入れます。イタリアンドレッシングを加えてさらに混ぜます。

g) サラダを冷蔵庫に 1 時間 15 分入れます。

h) レタスの芯を皿に置きます。サラダを二人で分けます。

18. チキンとマッシュルームのラザニア

材料

- 4 オンスの薄くスライスしたパンチェッタを短冊状に切ります
- 3 オンスの薄くスライスした生ハムまたはデリハムを短冊状に切ります
- 細切りロティサリーチキン 3 カップ
- 無塩バター（角切り）大さじ 5
- 中力粉 1/4 カップ
- 全乳 4 カップ
- 細切りアジアーゴチーズ 2 カップ（分割）
- 新鮮なパセリのみじん切り 大さじ 2
- 粗挽きコショウ 小さじ 1/4
- ナツメグをつまむ
- 調理不要のラザニアヌードル 9 個
- 細切り部分脱脂モッツァレラチーズ 1-1/2 カップ
- 細切りパルメザンチーズ 1-1/2 カップ

方向

a) 大きなフライパンでパンチェッタと生ハムを中火で焼き色がつくまで炒めます。ペーパータオルの上で水気を切ります。大きなボウルに移します。鶏肉を加えて混ぜます。

b) ソースの場合は、大きな鍋にバターを中火で溶かします。滑らかになるまで小麦粉を混ぜます。牛乳を少しずつ加えて混ぜます。絶えずかき混ぜながら沸騰させます。1〜2 分間、またはとろみがつくまで調理してかき混ぜます。暑さから削除; アジアーゴチーズ 1/2 カップ、パセリ大さじ 1、コショウ、ナツメグを加えて混ぜます。

c) オーブンを 375°に予熱します。油を塗った 13×9 インチの容器に 1/2 カップのソースを広げます。オーブン皿。麺、ソース、ミートミックス、アジアーゴ、モッツァレラチーズ、パルメザンチーズをそれぞれ 3 分の 1 ずつ重ねます。レイヤーを 2 回繰り返します。

d) 蓋をして 30 分焼きます。明らかにしてください。15 分長く、または泡が立つまで焼きます。残りのパセリを散らす。食べる前に 10 分間放置してください。

19. チキンテトラッツィーニ

材料

- 8 オンスの生スパゲッティ
- バター小さじ 2 と大さじ 3 を分けて加える
- ベーコン 8 枚（みじん切り）
- スライスした新鮮なキノコ 2 カップ
- 玉ねぎ 1 個（みじん切り）
- 小さなピーマン 1 個（みじん切り）
- 中力粉 1/3 カップ
- 塩 小さじ 1/4
- コショウ 小さじ 1/4
- チキンスープ 3 カップ
- 粗く刻んだロティサリーチキン 3 カップ
- 冷凍エンドウ豆 2 カップ（約 8 オンス）
- ピミエントスを角切りにし、水を切ります 1 瓶（4 オンス）
- すりおろしたロマーノチーズまたはパルメザンチーズ 1/2 カップ

方向

a) オーブンを 375°に予熱します。スパゲッティをパッケージの表示に従ってアルデンテに茹でます。ドレイン; グリースを塗った 13x9 インチに移します。オーブン皿。小さじ 2 杯のバターを加えてコーティングします。

b) その間に、大きなフライパンでベーコンを中火でカリカリになるまで炒め、時々かき混ぜます。穴付きスプーンで取り除きます。ペーパータオルの上で水気を切ります。液だれを捨て、大さじ 1 杯を鍋に取っておきます。マッシュルーム、玉ねぎ、ピーマンをドリップに加えます。中強火で 5〜7 分間、または柔らかくなるまで調理し、かき混ぜます。鍋から取り出します。

c) 同じフライパンに残りのバターを中火で加熱します。小麦粉、塩、コショウを加えて滑らかになるまでかき混ぜます。徐々にスープを泡立てます。時々かき混ぜながら沸騰させます。3〜5 分間、または少しとろみがつくまで調理してかき混ぜます。鶏肉、エンドウ豆、ピミエントス、キノコの混合物を加えます。時々かき混ぜながら加熱します。スパゲッティをスプーンでいただきます。ベーコンとチーズをふりかけます。

d) 蓋をせず、25〜30 分間、またはきつね色になるまで焼きます。食べる前に 10 分間放置してください。

20.　　エンジェルシュリンプベイク

材料

- 冷蔵エンジェルヘアパスタ 1 パッケージ (9 オンス)
- 1-1/2 ポンドの未調理中エビ、皮をむいて背わたを取り除きます
- 砕いたフェタチーズ 3/4 カップ
- シュレッドスイスチーズ 1/2 カップ
- 分厚いサルサ 1 瓶 (16 オンス)
- シュレッドモントレージャックチーズ 1/2 カップ
- 新鮮なパセリのみじん切り 3/4 カップ
- 乾燥バジル 小さじ 1
- 乾燥オレガノ 小さじ 1
- 大きな卵 2 個
- ハーフアンドハーフクリーム 1 カップ
- プレーンヨーグルト 1 カップ
- 新鮮なパセリのみじん切り（オプション）

方向

a) グリースを塗った 13x9 インチ。グラタン皿にパスタの半分、エビ、フェタチーズ、スイスチーズ、サルサを重ねます。レイヤーを繰り返します。モントレージャックチーズ、パセリ、バジル、オレガノをふりかけます。

b) 小さなボウルに卵、クリーム、ヨーグルトを入れて泡立てます。キャセロールの上に注ぎます。蓋をせず、温度計が 160°を示すまで 350°で 25〜30

分間焼きます。食べる前に 5 分間放置してください。お好みでパセリのみじん切りをトッピングします。

21.　カレーラザニア

材料

- キャノーラ油 大さじ 1
- 玉ねぎ中 1 個（みじん切り）
- カレー粉 小さじ 4
- ニンニク 3 片（みじん切り）
- トマトペースト 1 缶（6 オンス）
- ココナッツミルク 2 缶（各 13.66 オンス）
- 皮を取り除き、細切りにしたロティサリーチキン 1 ポンド（約 4 カップ）
- 生のラザニア麺 12 本
- 部分脱脂リコッタチーズ 2 カップ
- 大きな卵 2 個
- 新鮮なコリアンダーのみじん切り、分割 1/2 カップ
- 冷凍みじん切りほうれん草 1 パッケージ (10 オンス)、解凍して絞って乾燥させたもの
- 塩 小さじ 1/2
- コショウ 小さじ 1/4
- 細切り部分脱脂モッツァレラチーズ 2 カップ
- くし切りのライム

方向

a) オーブンを 350°に予熱します。大きなフライパンに油を中火で熱します。玉ねぎを加えます。柔らかくなるまで約 5 分間煮てかき混ぜます。カレー粉とニンニクを加えます。さらに 1 分調理します。トマトペーストを加えてかき混ぜます。ココナッツミルクをフライパンに注ぎます。沸騰させます。火を弱めて 5 分間煮ます。調理した鶏肉を混ぜます。

b) その間に、ラザニア麺をパッケージの指示に従って調理します。ドレイン。リコッタチーズ、卵、コリアンダー1/4 カップ、ほうれん草、調味料を混ぜ合わせます。

c) 鶏肉混合物の 4 分の 1 を 13×9 インチの容器に広げます。クッキングスプレーを塗ったグラタン皿。麺 4 本、リコッタチーズミックスの半分、チキンミックスの 4 分の 1、モッツァレラチーズ 1/2 カップを重ねます。レイヤーを繰り返します。残りの麺、残りのチキンミックス、残りのモッツァレラチーズをトッピングします。

d) 蓋をせず、泡立つまで 40〜45 分間焼きます。カットする前に 10 分間冷まします。残りのコリアンダーをトッピングします。ライムウェッジを添えてください。

22. 焼きポテトとミートボル

材料

- リガトーニパスタ 3 1/2 カップ

- モッツァレラチーズ 1⅓ カップ（細切り）

- おろしたてのパルメザンチーズ 大さじ 3

- 赤身七面鳥 1 ポンド

方向：

a) ミートボール：ボウルに卵を入れて軽く混ぜます。玉ねぎ、パン粉、ニンニク、パルメザンチーズ、オレガノ、塩、コショウを加えて混ぜます。ターキーを混ぜます。

b) 大さじ山盛り 1 杯をボール状に成形します。

c) 大きなフライパンで油を中強火で加熱します。必要に応じてミートボールを数回に分けて、8〜10 分間、またはすべての面が茶色になるまで調理します。

d) 玉ねぎ、ニンニク、マッシュルーム、ピーマン、バジル、砂糖、オレガノ、塩、コショウ、水をフライパンに加えます。時々かき混ぜながら、中火で約 10 分間、または野菜が柔らかくなるまで煮ます。トマトとトマトペーストを加えて混ぜます。沸騰させます。ミートボールを追加する

e) その間に、大きな鍋に沸騰した塩水を入れて、リガトーニを調理します。11x7 インチのグラタン皿または 8 カップの浅いオーブンキャセロールに移します。

f) モッツァレラチーズ、パルメザンチーズを上に均等に振りかけます。焼く

23.

材料

- 七面鳥挽肉 1 ポンド

- ニンニク大 1 片; みじん切りにした

- 新鮮なパン粉 $\frac{3}{4}$ カップ

- 玉ねぎのみじん切り 1/2 カップ

- 松の実 大さじ 3; トーストした

- 新鮮なパセリの葉のみじん切り 1/2 カップ

- 1 つの大きい卵; 軽く殴られた

- 塩 小さじ 1

- 黒コショウ 小さじ 1

- オリーブオイル 大さじ 4

- 1 ポンドのペンネ

- 粗くおろしたモッツァレラチーズ 1 と 1/2 カップ

- おろしたてのロマーノチーズ 1 カップ

- トマトソース 6 カップ

- 1 コンテナ; リコッタチーズ（15 オンス）

方向：

a) ボウルに七面鳥、ニンニク、パン粉、玉ねぎ、松の実、パセリ、卵、塩、コショウを入れてよく混ぜ、ミートボールの形を作り調理します。

b) パスタを調理する

c) 小さなボウルにモッツァレラチーズとロマーノを入れて混ぜ合わせます。用意した皿にトマトソース約 1 と **1/2** カップとミートボールの半分をスプーンで入れ、その上にパスタの半分をスプーンで乗せます。

d) 残りのソース半分とチーズ混合物をパスタの上に広げます。残りのミートボールをトッピングし、ミートボールの上にリコッタチーズを少しずつ落とします。ペンネをオーブンの中段で **30〜35** 分焼きます。

魚/シーフードパスタ

24. 海鮮のペストパスタ

1回分の量 4

材料

- 8オンス スパゲティ
- ニンニクのみじん切り 2 片
- 塩末はお好みで
- オリーブオイル大さじ 1
- 8オンス アスパラガス
- スライスしたホワイトマッシュルーム 1 カップ
- 皮をむいて背ワタを取除いたエビ 3/4 ポンド
- 赤唐辛子小さじ 1/8
- ペスト 1/4 カップ または自分で用意する
- すりおろしたパルメザンチーズ大さじ 2

方向

a) スパゲティを沸騰したお湯鍋に入れ 10 分間茹でます。
b) スパゲティを湯切りしますが、パスタの茹で汁の一部取っておきます。
c) フライパンにオリーブオイルを入れて加熱します。
d) ニンニク、アスパラガス、きのこを 5 分間または柔らかくなるまで炒めます。
e) フライパンにエビを入れ、赤唐辛子で味を調える
f) 5 分間調理します。
g) 液体が必要な場合は、パスタの茹で汁を大さじ数杯加えてください。
h) ペストソースとパルメザンチーズを混ぜ合わせます。
i) ペストをエビと混ぜます。
j) 5 分間調理します
k) スパゲティにかけてお召し上がりください。

25. マカロニシーフードサラダ

1回分 12回分

材料

- 16オンス ファルファッレ パスタ
- 刻んだ茹で卵 3個
- みじん切りセロリスティック 2本
- 6オンス 調理済みのエビ
- 本物のカニ肉 1/2 カップ
- 塩とコショウ 加味

ドレッシング:

- マヨネーズ 1 カップ
- パプリカ 小さじ1/2
- レモン汁 小さじ2

方向

a) パスタを塩加えた熱湯で10分間茹でます。ドレイン

b) パスタを大きなボウルに移し、残りのサラダの材料加えて混ぜます。

c) ドレッシングの材料を合わせてサラダと和えます。

d) 蓋をして1時間冷蔵します。

26. スモークサーモン効果

1回分量 8

材料
- 16 オンスペネ
- バター1/4カップ
- 玉ねぎみじん切り1個
- ニンニクのみじん切り3片
- 小麦粉大さじ3
- ライトクリーム2カップ
- 白ワイン1/2カップ
- レモン汁大さじ1
- すりおろしたロマーノチーズ1/2カップ
- スライスしたキノコ1カップ
- 刻んだスモークサーモン$\frac{3}{4}$ポンド

方向
a) パスタを塩を入れた鍋で10分間茹でます。ドレイン。
b) フライパンにバターを溶かし、玉ねぎとにんにくを5分炒めます。
c) 小麦粉をバター混合物に加え2分間かき混ぜ続けます。
d) 軽いクリームをそっと加えます。
e) 液体が沸直まで下げます。
f) チーズを加え、混合物が滑らかになるまで約3分間かき混ぜ続けます。
g) キノコを加え5分間煮ます。
h) 鮭をフライパンに移し3分焼きます。
i) サーモンの混合物をペネパスタの上に盛り付けます。

27. ベイ好みみザッティ添気

1回分量4

材料

- 8オンス スパゲティ
- 辛口白ワイン1/3カップ
- バター大さじ3
- ベイ貝1ポンド
- ニンニクのみじん切り4片
- レッドペッパーフレーク1つまみ
- 生クリーム1カップ
- 塩コショウ適味
- レモン果汁
- すり下ろしたペコリーノ・ロマーノ1/4カップ

方向

a) スパゲティを塩入れ鍋に10分間茹でます。水を切って脇に置きます。

b) 大きなフライパンにバターを入れて加熱します。

c) ホタテを層加え、中火で2分間焼き色を付けます。

d) ホタテを裏返し、もう片面1分程度焼きます。

e) にんにく、赤唐辛子フレーク、ワインを加えて1分間煮ます。ホタテを茹ですぎないように注意してください。

f) 塩、コショウ、レモン果汁で味付けします。

g) スパゲティをフライパンに入れてかき混ぜ、ホタテと混合されます。

h) 2分間煮て、粉チーズをトッピングします。

28. カニサラダ

1回の分量 4

材料
- エルボマカロニ 1 カップ
- マヨネーズ 1/2 カップ
- サワークリーム 大さじ3
- 12 オンス フレーク状のカニ肉
- みじん切りにしたセロリの茎 3 本
- 解凍した冷凍エンドウ豆 1/4 カップ
- レモン汁 小さじ1
- オールドベイシーズニング 小さじ3/4
- 塩とコショウで味
- パプリカ 小さじ1/2 - お好みで

方向
a) マカロニは塩を入れた鍋で10分茹でて火を通る。冷まします。
b) 残りの材料を混ぜ合わせ、マカロニを加えて混ぜる
c) あればパプリカをトッピングします。

29. シュリンプロ―メイン

1回分 2回分

材料

- 8オンス スパゲティ
- 醤油1/4カップ
- オイスターソース大さじ3
- はちみつ大さじ1
- すりおろした生姜1/2インチのつまみ
- オリーブオイル大さじ1
- みじん切りの赤ピーマン1個
- 小さな玉ねぎのスライス1個
- 刻んだ松の実1/2カップ
- スライスしたクレミニマッシュルーム1/2カップ
- ニンニクのみじん切り3片
- 皮をむいて背わたを取り除いた大海老エビ1ポンド
- 溶き卵2個

方向

a) スパゲティを塩を入れた鍋で10分間茹でます。水を切ります。
b) ボウルに醤油、オイスターソース、はちみつ、生姜を入れて混ぜ合わせます。
c) 大きなフライパンにオリーブオイルを入れて加熱します。
d) ピーマン、玉ねぎ、ピンクに5分間炒めます。
e) ニンニクとエビを加えてさらに2分間炒め混ぜます。
f) 材料をフライパンの片側に移し、反対側で卵を5分間スクランブルします。
g) スパゲティとソースを加え、すべての材料を2分間混ぜます。

94

30. エビのガーリックソテー

1回分 6回分

材料

- オリーブオイル1/4 カップ (4割)
- チキンキューブ1 ポンド
- ニンニクのみじん切り大さじ4 (4分け)
- タイム小さじ1
- オレガノ小さじ1
- バジル小さじ1
- 皮をむいて背わたを取除いたエビ1ポンド
- 16オスリングイネ
- 角切りベーコン6枚
- 塩こショウ少味
- 玉ねぎみじん切り1個
- スライスしたキノコ1カップ
- みじん切り赤ピーマン1個
- 生クリーム2カップ
- 牛乳1カップ
- すりおろしたパルメザンチーズ1 1/2 カップ
- 卵黄2個
- 白ワイン1カップ

方向

a) 大きな鍋にオリーブ油大さじ2を入れて熱します。

b) ニンニクの粗みじんを炒め、タイム、オレガノ、バジルで味付けします。

c) 鶏肉を入れて混ぜ、弱火で10分煮ます。

d) 鶏肉を皿に置き、脇に置きます。

e) 同じフライパンにオリーブ油大さじ2を熱し、残りのにんにくを2分炒めます。

f) エビを加えてかき混ぜ、弱火で5分間調理します。

g) エビを鶏肉と一緒に移します。

h) リングイネを塩を入れた鍋で12分茹でる。

i) もう一度同じフライパンを使用して、ベーコンを完了するまで約5分間炒めます。

j) ベーコンはペーパータオルの上で粗く切り崩します。脇に置いておきましょう。

k) 玉ねぎ、ピーマン、キノコをベーコンの脂と一緒に鍋で5分間炒めます。

l) ボウルに生クリーム、蒸しパルメザンチーズ、卵黄、塩、こしょうを入れて混ぜます。

m) 鍋に玉ねぎ、ピーマン、キノコを入れてワインを加えて沸騰させます。

n) 弱火で5分間調理します。

o) 生クリーム混合物を加えてかき混ぜ、5分間煮ます。

p) エビと鶏肉を鍋に戻し、ソースを絡める。

q) エビとチキンをパスタと一緒にお召し上がりください。♪

31.　　ロブスターマック&チーズ

1回分 2回分

材料
- オリーブオイル大さじ1
- ロブスターテール3尾 縦半分に割って背わたを取り除いたもの
- バター大さじ3
- 小麦粉大さじ2
- 1 1/2 カップ ハーフアンドハーフ
- 牛乳1/2 カップ
- パプリカ小さじ1/4
- チリパウダー小さじ1/4
- 塩胡椒お好みで
- ウスターソース小さじ1/4
- すりおろしたチェダーチーズ1/2 カップ
- すりおろしたグリュイエールチーズ大さじ3
- 準備済みエルボマカロニ1 カップ
- パン粉1/2 カップ
- 溶けたバター1/4 カップ
- すりおろしたパルメザンチーズ大さじ5

方向

a) オーブンを400度で熱します。
b) グラタン皿2枚に焦げ付き防止スプレーを塗る
c) フライパンに油を熱し、ロブスターテールを中火で2分焼きます。
d) ロブスターを冷まし、肉を殻から離します。
e) 肉を一口大に切り除きます。
f) 同じフライパンを使ってバターを溶かします。
g) 小麦粉加えて混ぜ、ルーを作り1分間かき混ぜ続けます。
h) 半分の牛乳を注ぎ3分間かき混ぜ続けます。
i) 液体を沸騰させ、パプリカ、チリパウダー、塩、ウスターソースを加えます。
j) 4分間煮ます。
k) チェダーチーズとグレイエールチーズを加え、チーズが溶けるまで5分間かき混ぜます。
l) マカロニをチーズソースに加え、ロブスターの塊も加えかき混ぜます。
m) 両方のグラタン皿にマカロニとチーズの混合物を入れます。
n) ボウルにパン粉、溶かしバター、パルメザンチーズを入れて混ぜます。
o) 混合物をマカロニアンドチーズの上に注ぎます。
p) マカロニアンドチーズを15分間焼きます。

36. 功效

奉仕します 4

材料

- オリーブオイル 大さじ 2

- 油を詰めたツナ缶 1 缶（7 オンス）、水を切ります

- アンチョビフィレ 1 個

- 新鮮な平葉パセリの角切り 1/4℃

- ケッパー 大さじ 2

- スパゲッティ 1 パック（12 オンス）

- ニンニクのみじん切り 3 片

- エクストラバージンオリーブオイル 大さじ 1、またはお好みで

- 1/2℃辛口白ワイン

- 1/4℃おろしたてのパルミジャーノ・レッジャーノ

- 乾燥オレガノ 小さじ 1/4

- チーズ、またはお好みで

- レッドペッパーフレーク 1 つまみ、またはお好みで

- 新鮮な平葉パセリの角切り 大さじ 1、またはお好みで 3 C. 砕いたイタリアン (プラム) トマト

- 塩と挽いた黒コショウで味を調える

- カイエンペッパー 1 つまみ、またはお好みで

方向

a) ケッパーとアンチョビをオリーブオイルで 4 分間炒め、ニンニクを加えてさらに 2 分間炒め続けます。

b) 次に、ペッパーフレーク、白ワイン、オレンジを加えます。

c) 混合物をかき混ぜ、火を強めます。

d) 混合物を 5 分間煮てから、トマトを加えて軽く煮ます。

e) 混合物が沸騰したら、カイエンペッパー、黒コショウ、塩を加えます。

f) 火を弱火に設定し、すべてを 12 分間調理します。

g) 次に、パスタを水と塩で 10 分間茹で始め、液体をすべて取り除き、麺を鍋の中に残します。

h) とろとろのトマトと麺を合わせて鍋に蓋をします。弱火ですべてを 4 分間温めます。

i) パスタの上に盛り付けるときは、パルミジャーノ・レッジャーノ、パセリ、オリーブオイルを添えてください。

37. シュリンプスキャンピー

1回分 2回分

材料

- 皮をむいて背方を取除いた大きなエビ1ポンド
- ガーリックパウダー小さじ1/2
- オールドベイシーズニング小さじ1/2
- 8オンス エンジェルヘアパスタ
- バター1/4カップ
- ニンニクのみじん切り5片
- 白ワイン大さじ3
- レモン汁大さじ1
- 1/2カップ ハーフアンドハーフ
- パセリのみじん切り大さじ3
- 赤唐辛子のフレーク小さじ1

方向

a) エビをボウルに入れ、ガーリックパウダーとオールドベイシーズニングをまぶして和えます。10分間置きます。

b) エンジェルヘアパスタを塩水の入った鍋で5分間茹でます。アルデンテになるまでです。水を切ります。

c) フライパンにバターを溶かします。

d) にんにくを加えて1分間炒める

e) エビを加えて炒め、片面1分ずつ炒めます。それ以上は調理しましょう。

f) バター、ワイン、レモン汁を少しずつ加え、2分間煮込みます。

g) ボウルにエンジェルヘアパスタを入れ、エビとソースを添えます。

h) 食べる前に、赤唐辛子のフレークとパセリのみじん切りをふりかけます。

38. クラカなシャ幻タ

奉仕します 8

材料

- ペンネパスタ 1 パッケージ (16 オンス)

- 角切りトマト缶 2 個（14.5 オンス）

- オリーブオイル 大さじ 2

- エビ 1 ポンド（皮をむいて背わたを取り除いたもの）

- 赤玉ねぎのみじん切り 1/4C

- 1C. すりおろしたパルメザンチーズ

- みじん切りにしたニンニク 大さじ 1

- 白ワイン 1/4℃

方向

a) パスタを水と塩で **9** 分間茹で、液体を取り除きます。

b) 次に、ニンニクと玉ねぎを油で玉ねぎが柔らかくなるまで炒め始めます。

c) 次にトマトとワインを加えます。

d) 混合物をかき混ぜながら **12** 分間煮ます。次にエビを加え、すべてを **6** 分間調理します。

e) 次にパスタを加え、麺を均一にコーティングするためにすべてをかき混ぜます。

39. リングイ ネとアサリのソース

1回分量 4

材料

- 16オンス リングイネ
- オリーブオイル大さじ1
- 玉ねぎみじん切り1個
- ニンニクのみじん切り5片
- バター1/2カップ
- 塩とコショウ加味
- 辛口白ワイン1/4カップ
- ハマグリジュース1/4カップ
- 刻んだアサリ1 1/2カップ
- 赤唐辛子のフレーク小さじ1

方向

a) リングイネを塩を入れた鍋で10分間茹でる。ドレイン。

b) フライパンにオリーブオイルを熱し、玉ねぎとにんにくを5分まで炒めます。

c) バター、塩、コショウ、ワイン、アサリの汁を加えます。

d) 25分間煮ます。ソースを煮詰めて濃くする必要があります。

e) アサリを加えて混ぜ、5分間煮ます。

f) リングイネをボウルに入れ、アサリソースをかけます。

g) 赤唐辛子のフレークをトッピングしてお召し上がりください。

ミートパスタ

40. ボロネーゼソース

一人分 10

材料

- オリーブオイル 大さじ1
- 3 オンス カットアップ パンチェッタ
- 玉ねぎのみじん切り 1個
- ニンニクのみじん切り 2片
- スライスしたキノコ 1カップ
- にんじんの細切り 2本
- みじん切りしたセロリの茎 2本
- 牛ひき肉 1ポンド
- 豚ひき肉 ¾ ポンド
- 28 オンス砕いたトマト缶詰
- 6 オンス トマトペースト
- 辛口白ワイン 1/2 カップ
- 3/4 カップ ストック
- 牛乳 1/2 カップ
- イタリアンシーズニングまたはお好みの調味料 小さじ1
- 塩コショウ 加減
- すり下ろしたペコリーノ ロマーノ 1/4 カップ
- 調理済みパスタ 1ポンド

方向

a) 大きめのフライパンに油を熱し、パンチェッタ、玉ねぎ、にんにくを5分ほど炒めます。

b) フライパンを使って両面の肉を5分間焼き色をつけます。

c) 脂肪を取り除きます。

d) パンチェッタの混合物をフライパンに戻し、牛肉と豚肉を炒めます。

e) 残りの材料を加えてよく混ぜ合わせます。

f) フライパンに蓋をし、時々かき混ぜながら1時間煮ます。

g) 茹でたパスタの上に盛り付けます。

41. ビーフストロガノフ

1回分量 4

材料

- 牛ひき肉 1 1/2 ポンド
- 玉ねぎ 小1個
- ニンニクのみじん切り3片
- スライスしたキノコ1カップ
- マッシュルームの濃縮クリームスープ1 缶 10.5 オンス
- ビーフブロス1缶 10.5 オンス
- ウスターソース小さじ2
- シェリ酒大さじ2
- 乾燥ランチドレッシングミックス大さじ3
- 塩コショウ少味
- サワークリーム1/2 カップ 味見して、必要に応じて追加します。
- 8オンス 茹でた麺

方向

a) 沸騰した塩水の麺を5分間茹で、脇に置きます。

b) 大きなフライパンまたは鍋で肉を5分間炒めます。

c) 玉ねぎ、にんにく、キノコを加えてさらに5分間炒めます。

d) 脂肪を排出します。

e) マッシュルームのクリームスープ スープ ウスターソース、シェリ酒 ドライランチドレッシングを加え、塩コショウで味付けます。

f) 20分間煮ます。

g) サワークリームを加えてさらに5分間煮ます。

h) お皿にエッグヌードルを置き、その上にビーフストロガノフを乗せます。

116

42. 生意なビーフスキレット

奉仕します 6

材料

- 牛ひき肉 500g
- 乾燥インスタントビーフストック 大さじ 1
- オリーブオイル 大さじ 4
- 月桂樹の葉 2 枚
- 玉ねぎ 1 個（みじん切り）
- ウスターソース、ダッシュ
- 皮をむいて潰したニンニク 2 片
- オールスパイス 小さじ 1
- シナモン 小さじ 1
- パプリカ 小さじ 1
- トマトペースト 130g
- パスタソース 500g

方向

a) 大きな鍋を強火にかけます。そこに油を入れて加熱します。玉ねぎ、にんにく、牛肉、スパイスを加えて **6** 分間煮ます。

b) トマトとパスタのソース、パプリカ、ビーフストック、月桂樹の葉、塩、コショウを加えてよくかき混ぜながら弱火で **30** 分間煮ます。

c) 生意気な牛肉をパスタと一緒に温めてお召し上がりください。

43. グラックラヒア

奉仕します 8

材料

- 1 1/2 ポンド 牛赤身挽肉
- 溶き卵 2 個
- 玉ねぎ 1 個（みじん切り）
- パートスキムリコッタチーズ 1 パイント
- ニンニク 2 片（みじん切り）
- すりおろしたパルメザンチーズ 1/2℃
- さいの目に切ったフレッシュバジル 大さじ 1
- 乾燥パセリ 大さじ 2
- 乾燥オレガノ 小さじ 1
- 塩 小さじ 1
- ブラウンシュガー 大さじ 2
- モッツァレラチーズ 1 ポンド（細切り）
- 塩 小さじ 1 1/2
- すりおろしたパルメザンチーズ 大さじ 2
- 角切りトマト 1 缶（29 オンス）
- トマトペースト 2 缶（6 オンス）
- 乾燥ラザニア麺 12 本

方向

a) ニンニク、玉ねぎ、牛肉を 3 分間炒め、トマトペースト、バジル、角切りトマト、オレガノ、小さじ 1.5 の塩、ブラウンシュガーを加えて混ぜます。

b) 他の作業をする前に、オーブンを 375 度に設定します。

c) パスタを水と塩で 9 分間茹で始め、液体をすべて取り除きます。

d) ボウルを用意し、小さじ 1 の塩、卵、パセリ、リコッタチーズ、パルメザンチーズを混ぜ合わせます。

e) パスタの 3 分の 1 をキャセロール皿に置き、チーズミックスの半分、ソースの 3 分の 1、モッツァレラチーズの 1/2 をすべての上に置きます。

f) すべての材料が使い果たされるまで、この方法で層を続けます。

y) 次に、パルメザンチーズをさらに加えます。

h) ラザニアをオーブンで 35 分間焼きます。

44. 生姜チェダーフジリサラダ

奉仕します 10

材料

- オリーブオイル 大さじ 2

- ネギ 6 本（みじん切り）

- 塩 小さじ 1

- 刻んだハラペーニョのピクルス 3/4℃

- フジッリ パスタ 1 パッケージ (16 オンス)

- 1 (2.25 オンス) ブラックオリーブをスライスすることができます

- 2 ポンドの赤身のひき肉

- (オプション)

- タコスシーズニングミックス 1 パッケージ (1.25 オンス)

- 細切りチェダーチーズ 1 (8 オンス) パッケージ

- マイルドサルサ 1 (24 オンス) 瓶

- チーズ

- ランチドレッシング 1 (8 オンス) ボトル

- 赤ピーマン 1 1/2 個（みじん切り）

方向

a) 1. 大きな鍋を中火にかけます。そこに水を入れ、塩を加えたオリーブオイルを加えてかき混ぜます。

b) 沸騰し始めるまで煮ます。

c) 2. パスタを加えて 10 分ほど茹でます。水から取り出し、脇に置いて水気を切ります。

d) 3. 大きな鍋を中火にかけます。その中で牛肉を 12 分間焼きます。余分なグリースは捨ててください。

e) 4. タコスシーズニングを加えてよく混ぜます。混合物を脇に置き、完全に熱を失います。

f) 5. 大きめのミキシングボウルを用意します。サルサ、ランチドレッシング、ピーマン、ネギ、ハラペーニョ、ブラックオリーブを入れて混ぜます。

g) 6. 茹でた牛肉、チェダーチーズ、ドレッシングミックスを加えたパスタを加えます。よくかき混ぜます。サラダボウルの上にラップを置きます。冷蔵庫に 1 時間 15 分入れます。

45. ペンネビーフイク

材料

- 全粒粉ペンネパスタ 1 パッケージ（12 オンス）
- 1 ポンドの赤身のひき肉（90％赤身）
- ズッキーニ 中 2 個（細かく刻む）
- 大きめのピーマン 1 個（細かく刻む）
- 小さな玉ねぎ 1 個（細かくみじん切り）
- スパゲッティソース 1 瓶 (24 オンス)
- 減脂肪アルフレッドソース 1-1/2 カップ
- 部分脱脂モッツァレラチーズを細切りにし、分割して 1 カップ
- ガーリックパウダー 小さじ 1/4
- 新鮮なパセリのみじん切り（オプション）

方向

a) ペンネをパッケージの指示に従って調理します。その間に、ダッチオーブンで牛肉、ズッキーニ、ピーマン、玉ねぎを中火で、肉がピンク色でなくなるまで調理し、崩れます。ドレイン。スパゲッティソース、アルフレッドソース、モッツァレラチーズ 1/2 カップ、ガーリックパウダーを加えて混ぜます。ペンネを水切りします。肉混合物に混ぜます。

b) 13x9 インチに転送します。クッキングスプレーを塗ったグラタン皿。蓋をして 375°で 20 分間焼きます。残りのモッツァレラチーズを散らします。蓋をせず、3〜5 分以上、またはチーズが溶けるまで焼きます。お好みでパセリをトッピングしてください。

46. チキンマックキャセロール

材料

- 生のエルボマカロニ 1 カップ
- 2 ポンドの赤身のひき肉（90％赤身）
- 玉ねぎ中 1 個（みじん切り）
- ニンニク 2 片（みじん切り）
- 角切りトマト（水切りなし） 1 缶（28 オンス）
- インゲン豆 1 缶（16 オンス）、洗って水気を切る
- トマトペースト 1 缶（6 オンス）
- みじん切りグリーンチリ 1 缶（4 オンス）
- 塩 小さじ 1-1/4
- チリパウダー 小さじ 1
- グラウンドクミン 小さじ 1/2
- コショウ 小さじ 1/2
- 細切り減脂肪メキシカンチーズブレンド 2 カップ
- ネギの薄切り（お好みで）

方向

a) マカロニをパッケージの指示に従って調理します。その間に、大きなテフロン加工のフライパンで、牛肉、玉ねぎ、ニンニクを中火で、肉がピンク色でなくなるまで調理し、肉が崩れます。ドレイン。トマト、豆、トマトペースト、チリ、調味料を加えて混ぜます。マカロニの水気を切ります。牛肉混合物に加えます。

b) 13x9 インチに転送します。クッキングスプレーを塗ったグラタン皿。蓋をして 375°で泡立つまで 25〜30 分間焼きます。明らかにしてください。チーズ

を振りかける。チーズが溶けるまで、さらに 5〜8 分焼きます。お好みで、ネ
ギのスライスをトッピングします。

47.3種チーズのミートボールスタッカオーリ

材料

- モスタッチョリ 1 パッケージ (16 オンス)
- 大きめの卵 2 個 （軽く溶きほぐす）
- 部分脱脂リコッタチーズ 1 カートン (15 オンス)
- 1 ポンドの牛ひき肉
- 玉ねぎ中 1 個 （みじん切り）
- ブラウンシュガー 大さじ 1
- イタリアンシーズニング 大さじ 1
- ガーリックパウダー 小さじ 1
- コショウ 小さじ 1/4
- 肉入りパスタソース 2 瓶 (各 24 オンス)
- すりおろしたロマーノチーズ 1/2 カップ
- 解凍済み、完全に調理された冷凍イタリアンミートボール 1 パッケージ (12 オンス)
- 削ったパルメザンチーズ 3/4 カップ
- みじん切りの新鮮なパセリまたは新鮮なベビールッコラ、オプション

方向

a) オーブンを 350°に予熱します。モスタッチョリをパッケージの指示に従ってアルデンテに調理します。ドレイン。その間に、小さなボウルに卵とリコッタチーズを入れて混ぜます。

b) 6 クォートで。鍋に牛肉と玉ねぎを 6〜8 分、または牛肉のピンク色がなくなるまで煮て、牛肉を崩します。ドレイン。黒糖と調味料を加えて混ぜます。パスタソースとモスタッチオーリを加えます。投げて組み合わせます。

c) パスタ混合物の半分を油を塗った 13×9 インチの容器に移します。オーブン皿。リコッタチーズ混合物と残りのパスタ混合物を層にします。ロマーノチーズを振りかける。ミートボールとパルメザンチーズをトッピングします。

d) 蓋をせず、35〜40 分間、または火が通るまで焼きます。お好みでパセリをトッピングしてください。

48. ベイクド・ジティ

1回分 10回分

材料
- シティパスタ1ポンド
- オリーブオイル大さじ1
- 牛ひき肉1ポンド
- 塩とコショウ少々
- ガーリックソルト小さじ1/2
- ガーリックパダー小さじ1/2
- 玉ねぎみじん切り1個
- トマトソース6カップ
- オレガノ小さじ1/2
- バジル小さじ1/2
- リコッタチーズ1カップ
- 溶き卵1個
- 1カップ細切りモッツァレラチーズ
- すりおろしたペコリーノチーズ1/4カップ

方向

a) 塩を入れ鍋でパスタを10分間茹でます。水を切ります。

b) 鍋にオリーブオイルを入れて加熱します。

c) 牛肉に塩、コショウ、ガーリックソルト、ガーリックパウダーで味付けます。

d) 肉と玉ねぎを鍋で5分間炒めます。

e) トマトソースを注ぎ、オレガノとバジルで味付けます。

f) 25分間煮ます。

g) オーブンを350度で予熱します。

h) 卵とリコッタチーズを混ぜ合わせます。

i) ペコリーノチーズを足します。

j) パスタの半分とソースの半分をグラタン皿に移します。

k) リコッタチーズの半量を加えます。

l) その上にモッツァレラチーズの半分を乗せます。

m) パスタ、ソース、モッツァレラチーズの層をもう一枚作ります。

n) 25分間焼きます。チーズは泡立っているはずです。

49. 簡単々スパゲッティ

1回分量4

材料

- 12オンススパゲッティ
- オリーブオイル大さじ1
- 牛ひき肉1ポンド
- 玉ねぎのみじん切り1個
- ニンニクのみじん切り3片
- 塩コショウ加味
- 砂糖小さじ1
- ターメリック小さじ1/4
- トマトペースト大さじ2
- トマトソース2カップ
- イタリアンシーズニング小さじ1

方向

a) 沸騰した塩水の鍋でパスタを10分間調理します。水を切って脇に置きます。

b) 大きなフライパンにオリーブオイルを入れて加熱します。

c) 玉ねぎとにんにくを5分間炒めます。

d) 牛ひき肉、塩、コショウ、ターメリックを加えてよく混ぜます。

e) トマトペースト、トマトソース、イタリアンシーズニングを加えます。

f) 45分間煮ます。

g) スパゲッティを加えてソースと和える

50. ハオトのオヤシュ

1回分 6回分

材料
- オリーブオイル大さじ1
- 2ポンド牛ひき肉
- 玉ねぎみじん切り2個
- ニンニクのみじん切り3片
- スイートパプリカ大さじ1と1/2
- 塩とコショウ少味
- ウスターソース大さじ2
- 角切りトマトジュース入り缶詰2カップ
- 赤ワイン3/4カップ
- 砂糖小さじ1
- チリパダー小さじ1/2
- 牛肉スープ3/4カップ
- 調理済み麺2カップ

方向
a) フライパンにオリーブオイルを入れて加熱します。
b) 牛肉、玉ねぎ、にんにくを5分間炒めます。
c) パプリカ、コショウ、塩を加えて混ぜます。
d) ウスターソース、角切りトマトジュース、赤ワイン、砂糖、チリパダー、ビーフスープを加えます。
e) よく混ぜた後に沸騰させます。
f) 蓋を開けて35分間煮ます。
g) 希望の濃さを確認し、必要に応じて煮詰めます。
h) 麺の上に盛り付けます。

野菜パスタ

51.ほうれん草ラザニア

1回分量 8

材料

- オリーブオイル大さじ1
- 10オンス刻んだ冷凍ほうれん草
- 玉ねぎのみじん切り1個
- スライスしたキノコ1カップ
- すりおろしたパルメザンチーズ1/4 カップ
- ニンニクのみじん切り3片
- イタリアンシーズニング小さじ3/4
- 12オンス細切りモッツァレラチーズ
- マサラソース4カップ
- リコッタチーズ2カップ
- 溶き卵2個
- 塩コショウ少味
- 10オンス茹でたラザニア麺

143

方向

a) オーブンを350度で予熱します。

b) 大きな鍋にオリーブオイルを入れて加熱します。

c) ほうれん草、玉ねぎ、マッシュルーム、ニンニク、イタリアンシーズニングを5分間炒めます。

d) マリナラソースをかけて30分煮込みます。

e) ボウルにリコッタチーズ、モッツァレラチーズ、パルメザンチーズ、卵を入れて混ぜ合わせます。

f) 塩コショウで味付けします。

g) ラザニアパンの底にソース1カップを塗ります。

h) 麺、残りのチーズ、ソースを重ねます。

i) これを繰り返してソースで終わります。

j) パンをアルミニウムで覆い、55分間焼きます。

k) アルミニウムを取り出し、さらに15分間調理します。

52. プロヴォロネ ジティ ベイク

材料

- オリーブオイル 大さじ 1
- 玉ねぎ中 1 個（みじん切り）
- ニンニク 3 片（みじん切り）
- イタリア産クラッシュトマト 2 缶（各 28 オンス）
- 水 1-1/2 カップ
- 辛口赤ワインまたは減塩スープ 1/2 カップ
- 砂糖 大さじ 1
- 乾燥バジル 小さじ 1
- ジティまたは小さなチューブパスタ 1 パッケージ (16 オンス)
- プロヴォローネチーズ 8 枚切り

方向

a) オーブンを 350°に予熱します。6 クォートで。ストックポット、油を中強火で加熱します。玉ねぎを加えます。2〜3 分または柔らかくなるまで調理してかき混ぜます。ニンニクを加えます。1 分長く調理します。トマト、水、ワイン、砂糖、バジルを加えて混ぜます。沸騰させます。暑さから削除。生のジティを加えてかき混ぜます。

b) 13x9 インチに転送します。クッキングスプレーを塗ったグラタン皿。蓋をして 1 時間焼きます。チーズをトッピングします。蓋をせずに、さらに 5〜10 分間、またはジティが柔らかくなりチーズが溶けるまで焼きます。

53. ラタトゥイユのラザニア

8〜10 人分

材料

- 卵生地

- エクストラバージンオリーブオイル

- にんにく 3 片（みじん切り）

- 赤ワイン 1 カップ（237ml）

- 2 (28 オンス [794-g]) 缶が砕けました

- トマト

- バジル 1 束

- コーシャーソルト

- 挽きたての黒コショウ

- オリーブオイル

- ナス 1 本（皮をむき、小さめの角切り）

- 緑のズッキーニ 1 個（小さめの角切り）

- 夏かぼちゃ 1 個（小さめの角切り）

- トマト 2 個（小さめの角切り）

- ニンニク 4 片（スライス）

- 赤玉ねぎ 1 個（薄切り）

- コーシャーソルト

- 挽きたての黒コショウ

● 細切りモッツァレラチーズ 3 カップ（390g）

方向

a) オーブンを 350°F (177°C) に予熱し、大きな鍋に塩水を入れて沸騰させます。

b) 2 枚のシートパンにセモリナ粉をまぶします。パスタを作るには、シートの厚さが約 1/16 インチ (1.6 mm) になるまで生地を伸ばします。

c) 広げたシートを 12 インチ (30 cm) のセクションに切り、シートパンが約 20 枚になるまでシートパンに置きます。数回に分けて沸騰したお湯にシートを入れ、柔らかくなるまで約 1 分間調理します。ペーパータオルの上に置き、軽くたたいて乾燥させます。

d) ソースを作るには、鍋に中火にかけ、エクストラバージンオリーブオイル、ニンニクを加え、約 1 分間または半透明になるまで炒めます。赤ワインを加えて半分くらいまで減らします。次に、砕いたトマト、バジル、塩、コショウを加えます。弱火で 30 分ほど煮込みます。

e) フィリングを作るには、強火にかけた大きなソテーパンにオリーブオイル、ナス、ズッキーニ、カボチャ、トマト、ニンニク、赤玉ねぎを少量加えます。塩と挽きたての黒コショウで味付けします。

f) 組み立てるには、ソースを **22.9 × 33 cm (9 × 13** インチ**)** のグラタン皿の底に置きます。パスタシートを下に置き、軽く重ねて皿の底を覆います。ラタトゥイユをパスタシートの上に均等に加え、その上にモッツァレラチーズを振りかけます。パスタシートの次の層を反対方向に追加し、最上部に到達するか、具がすべて使用されるまでこれらの層を繰り返します。トップシートの上にソースを均等に注ぎ、さらにモッツァレラチーズを振りかけます。

g) ラザニアをオーブンに入れ、**45** 分～**1** 時間ほど焼きます。カットしてお召し上がりいただく前に、約 **10** 分間冷ましてください。

54. ナスのカポニ

6～8 人分

材料

● 卵生地

● オリーブオイル

● にんにく 3 片（みじん切り）

● 赤ワイン 1 カップ（237ml）

● クラッシュトマト缶 2 個（28 オンス [794 g]）

● バジル 1 束

● コーシャーソルト

● 挽きたての黒コショウ

● オリーブオイル

● ナス 1 本（皮をむき、小さめの角切り）

● ニンニク 4 片（スライス）

● ローズマリーの小枝 3 本（みじん切り）

● リコッタチーズ 4 カップ（908g）

● 細切りモッツァレラチーズ 1 カップ（130g）

● コーシャーソルト

● 挽きたての黒コショウ

方向

a) オーブンを 350°F (177°C) に予熱し、大きな鍋に塩水を入れて沸騰させます。

b) 2 枚のシートパンにセモリナ粉をまぶします。パスタを作るには、シートの厚さが約 1/16 インチ (1.6 mm) になるまで生地を伸ばします。

c) 伸ばしたシートを 6 インチ (15 cm) のセクションに切り、シートパンが約 20 枚になるまでシートパンに置きます。数回に分けて沸騰したお湯にシートを入れ、柔らかくなるまで約 1 分間調理します。ペーパータオルの上に置き、軽くたたいて乾燥させます。

d) フィリングを作るには、大きなソテーパンに強火にかけ、オリーブオイル、ナス、ニンニク、ローズマリーを少量加え、柔らかくなるまで約 4〜5 分間調理します。冷まし、ボウルにリコッタチーズとモッツァレラチーズを入れて混ぜます。塩と挽きたての黒コショウで味付けします。

e) 組み立てるには、ソースを 22.9 × 33 cm (9 × 13 インチ) のグラタン皿の底に置きます。パスタシートを縦長にして、手前の端に大さじ 3 杯（45g）ほどの具材を置きます。パスタを慎重に転がして、具を包み込みます。詰めたカネロニをグラタン皿に一層に置きます。カネロニの上にさらにソースを置き、細切りのモッツァレラチーズを振りかけます。

f) カネロニをオーブンに入れ、約 45 分間調理します。

55. アーティチョークとほうれん草のペンネ

一人前: 8

材料

- みじん切りほうれん草 1/2 缶（13.5 オンス）

- アルフレッドソース 1 (16 オンス) 瓶

- アーティチョークのハツ 1 缶（14 オンス）、水を切ってみじん切りにする

- 細切りモッツァレラチーズ 1/2 カップ

- 細切りパルメザンチーズ 1/3 カップ

- 1/4 (8 オンス) パッケージのクリームチーズ、柔らかくした

- にんにく 2 片（みじん切り）

- ローマトマト 1 個（角切り）

- 水 1/2 カップ

方向

a) ほうれん草をフードプロセッサーで角切りにする。

b) ほうれん草、アルフレッドソース、アーティチョークの芯、モッツァレラチーズ、パルメザンチーズ、クリームチーズ、ニンニク、トマトを鍋で泡立てます。

56. 茄子のメッツァルーナとトマトのコンフィ

4〜6 人分

材料

- オリーブオイル

- ナス 2 個（皮をむき、さいの目切り）

- ニンニク 3 片（みじん切り）

- 玉ねぎ 1 個（みじん切り）

- コーシャーソルト

- 挽きたての黒コショウ

- パルミジャーノ・レッジャーノ 1/4 カップ (45 g)

- すりおろしたモッツァレラチーズ 1 カップ（130g）

- プラムトマト 4 個

- オリーブオイル

- ローズマリー 3 枝

- タイム 3 本

- ニンニク 1 片（薄くスライス）

- 砂糖 小さじ 1/2

- コーシャーソルト

- 挽きたての黒コショウ

- ラビオリ生地

- バジル 2 カップ（50g）

- すりおろしたパルミジャーノ・レッジャーノ 1/2 カップ (90 g)

- ニンニク 2 片

- ピニョーリナッツ 1/4 カップ (32 g)

- コーシャーソルト

- 挽きたての黒コショウ

- オリーブオイル 2/3 カップ（160ml）

方向

a) オーブンを 325°F (163°C) に予熱します。

b) 大きなソテーパンに、オリーブオイル、ナス、ニンニク、タマネギ、塩、挽きたての黒コショウを少々加え、中火にかけます。ナスが柔らかくなるまで約 8 分間煮ます。火から下ろして冷まします。ボウルに茹でたナス、パルミジャーノ・レッジャーノ、モッツァレラチーズを入れて混ぜます。

c) トマトのコンフィを作るには、トマトを縦半分に切り、種をくり抜きます。天板にオリーブオイルを注ぎ、トマトの切り口を下にしてローズマリー、タイム、ニンニクとともに置きます。砂糖、塩、挽きたての黒コショウで味付けします。しわが寄って暗赤色になるまで約 45 分間焼きます。

d) 2 枚のシートパンにセモリナ粉をまぶします。パスタを作るには、シートが半透明になるまで生地を伸ばします。

e) 伸ばしたシートを 12 インチ（30cm）のセクションに切り、残りをラップで覆います。乾いた作業台の上にシートを置き、7.5 cm (3 インチ) の丸いカッターを使用して、シートに円を切り込みます。

f) 絞り袋またはスプーンを使用して、パスタの円の中央にフィリングを置き、側面の周囲に約 **1/4** インチ **(6 mm)** 残します。シールするには、円を折り重ねて半月の形を作り、フォークを使って端に沿って押してシールします。

g) 必要に応じて水を吹きかけて密封してください。メッツァルーナをセモリナ粉をまぶしたシートパンの上に間隔をあけて慎重に置きます。

h) ペストを作るには、フードプロセッサーでバジル、すりおろしたパルミジャーノ・レッジャーノ、ニンニク、ピニョーリナッツ、コーシャーソルト、挽きたての黒コショウを加えます。オリーブオイルをゆっくりと注ぎ、ピューレ状になるまで混ぜます。

i) 大きな鍋に塩水を入れて沸騰させます。沸騰したお湯にパスタを慎重に入れ、アルデンテになるまで約 **2～3** 分茹でます。

j) 弱火で熱したフライパンにオリーブオイルを入れ、トマトのコンフィを入れます。パスタを鍋に加え、軽く鍋を振ってトマトと混ぜます。

57. 友人のトマト バルサミコ パスタ

サーブ数: 2

材料

- エキストラバージンオリーブオイル 大さじ 3

- にんにく 1 片（みじん切り）

- 刻んだ新鮮なローズマリー 小さじ 2

- 砕いた赤唐辛子のフレーク

- トマトペースト 大さじ 3

- アネッリ、ディタリーニ、またはその他の短い筒状パスタ 3/4 カップ

- コーシャソルトと挽きたてのコショウ

- 削ったパルメザンチーズ 1/3 カップ

- フレッシュバジルの葉（飾り用）

方向

a) 中型の鍋にオリーブオイルとニンニクを入れ、中弱火で混ぜます。時々かき混ぜながら、ニンニクの香りが立つまで約 2 分間煮ます。ローズマリーと赤唐辛子のフレークひとつまみを加え、トーストして香りが立つまでさらに約 1 分間調理します。

b) 鍋を火から下ろします。トマトペーストを加えてかき混ぜ、水を 2 と 1/2 カップ加えます。鍋を強火に戻し、沸騰させます。パスタを加え、塩でたっぷりと味を調える。頻繁にかき混ぜながら、パスタがアルデンテになるまで約 12 分間調理します。

c) 再び鍋を火から下ろし、パルメザンチーズを加えて混ぜます。味を見て、必要に応じて塩とコショウを追加します。

d) パスタを 2 つのボウルに分け、フレッシュバジルをトッピングします。すぐにお召し上がりください。残り物は密閉容器に入れて冷蔵保存し、最長 3 日間保存できます。

58. かぼちゃとセージのラザニア フォンティーナ添え

分量: **8 ～ 10**

材料

- エキストラバージン オリーブオイル 小さじ **2** 杯、グリース用にさらに追加

- かぼちゃピューレ **1** 缶（**14** オンス）

- 全乳 **2** カップ

- 乾燥オレガノ 小さじ **2**

- 乾燥バジル 小さじ **2**

- おろしたてのナツメグ 小さじ **1/4**

- 砕いた赤唐辛子のフレーク 小さじ **1/4**

- コーシャソルトと挽きたてのコショウ

- **16** オンスの全乳リコッタチーズ

- ニンニク **2** 片（すりおろし）

- 新鮮なセージの葉のみじん切り大さじ **1** 杯と葉全体 **8** 枚

- 新鮮なパセリのみじん切り 大さじ **2**

- 茹でていないラザニア麺 **1** 箱（**12** オンス）

- 瓶ローストした赤ピーマン **1** 個（**12** オンス）、水を切ってみじん切りにする

- シュレッドフォンティーナチーズ **3** カップ

- すりおろしたパルメザンチーズ **1** カップ

- 薄くスライスしたペパロニ 12 〜 16 枚（お好みで）

方向

a) オーブンを 375°F に予熱します。9 × 13 インチのグラタン皿にグリースを塗ります。

b) 中くらいのボウルに、かぼちゃ、牛乳、オレガノ、バジル、ナツメグ、赤唐辛子のフレーク、塩とコショウ各ひとつまみを入れて混ぜ合わせます。別の中くらいのボウルにリコッタチーズ、ニンニク、みじん切りのセージ、パセリを入れ、塩とコショウで味付けします。

c) 準備しておいたグラタン皿の底にパンプキンソースの 4 分の 1（約 1 カップ）を敷きます。ラザニアシートを 3、4 枚追加し、必要に応じて折ります。シートがソースを完全に覆わなくても大丈夫です。リコッタチーズ混合物の半分、赤ピーマンの半分、そしてフォンティーナ 1 カップを重ねます。かぼちゃソースをさらに 4 分の 1 加え、その上にラザニア麺を 3〜4 本乗せます。残りのリコッタチーズ混合物、残りの赤ピーマン、フォンティーナ 1 カップ、そしてさらに 4 分の 1 のパンプキンソースを重ねます。残りのラザニア麺と残りのかぼちゃソースを加えます。残りのフォンティーナ 1 カップを上に振りかけ、次にパルメザンチーズを振りかけます。ペパロニをトッピングします（使用する場合）

d) 小さなボウルにセージの葉全体を小さじ 2 杯のオリーブオイルに入れて混ぜます。ラザニアの上に並べます。

e) ラザニアをホイルで覆い、45 分間焼きます。熱を 425°F に上げ、ホイルを外し、チーズが泡立つまでさらに約 10 分間焼きます。ラザニアを 10 分間放置します。仕える。残り物は密閉容器に入れて冷蔵保存し、最長 3 日間保存できます。

59. ミンティフェタチーズとオイルのサラダ

奉仕します 8

材料

- オルゾパスタ 1 1/4 C.

- 小さな赤玉ねぎ 1 個（みじん切り）

- オリーブオイル 大さじ 6（分割）

- 1/2℃ 細かく刻んだ新鮮なミントの葉

- 3/4℃で乾燥させた茶色のレンズ豆をすすいだ

- 刻んだ新鮮なディル 1/2 ℃

- 塩とコショウの味

- 赤ワインビネガー 1/3℃

- ニンニク 3 片（みじん切り）

- 1/2 C. カラマタ オリーブ、種を取り、みじん切りにする

- 砕いたフェタチーズ 1 1/2 ℃

方向

a) パスタをパッケージの表示に従って茹でます。

b) 塩を加えた大きな鍋に水を沸騰させます。その中でレンズ豆を沸騰し始めるまで煮ます。

c) 火を弱めて蓋の上に置きます。レンズ豆を 22 分間調理します。水から取り出してください。

d) 小さなミキシングボウルを用意します。その中でオリーブオイル、酢、ニンニクを混ぜ合わせます。よく泡立ててドレッシングを作ります。

e) 大きめのミキシングボウルを用意します。その中にレンズ豆、ドレッシング、オリーブ、フェタチーズ、赤玉ねぎ、ミント、ディルを入れ、塩とコショウを加えます。

f) サラダボウルにラップをかけて冷蔵庫に 2 時間 30 分入れます。サラダの味付けを調整して、お召し上がりください。

60. フレッシュレモンパタ

奉仕します 8

材料

- 三色ロティーニパスタ 1 (16 オンス) パッケージ

- 塩 1 つまみと粗びき黒こしょう

- 種を取り、角切りにしたトマト 2 個

- 味

- キュウリ 2 本 - 皮をむき、種を取り、

- アボカド 1 個（角切り）

- さいの目に切った

- レモン汁 1 絞り

- 1 (4 オンス) ブラックオリーブをスライスすることができます

- 1/2C. イタリアンドレッシング、またはお好みでそれ以上

- シュレッドパルメザンチーズ 1/2C

方向

a) パスタをパッケージの表示に従って茹でます。

b) 大きなミキシングボウルを用意します。その中にパスタ、トマト、キュウリ、オリーブ、イタリアンドレッシング、パルメザンチーズ、塩、コショウを入れて混ぜます。よくかき混ぜます。

c) パスタを冷蔵庫に **1** 時間 **15** 分入れます。

d) 小さなミキシングボウルを用意します。その中でレモン汁とアボカドを混ぜます。アボカドをパスタサラダと和えてお召し上がりください。

e) 楽しむ。

61. トルテッリーニの粗挽きサラダ

奉仕します 2

材料

- ほうれん草とチーズ 1 パック（9 オンス）

- トルテッリーニ缶詰瓶 1 個

- 塩と挽いた黒コショウで味を調える

- ペスト瓶 1（4 オンス）

- イングリッシュキュウリ 1/4℃半分に切り、種を取り、スライスする

- 半分に切ったミニトマト 1/4℃

- マッチ棒大の赤玉ねぎ 1/4C

- 刻んだマッシュ 1/2℃

方向

a) パスタをパッケージの表示に従って茹でます。

b) ペストを瓶に広げ、その上にキュウリ、トマト、玉ねぎ、トルテッリーニ、マッシュを乗せます。塩とコショウで味付けします。

c) サラダはすぐにお召し上がりいただくか、食べる準備ができるまで冷蔵してください。

62. ロマノ・リングイネのパスタサラダ

奉仕します6

材料

● リングイネ パスタ 1 パッケージ (8 オンス)

● 赤唐辛子フレーク 小さじ 1/2

● ブロッコリーの小花 1 袋（12 オンス）、一口サイズに切ります。

● 挽いた黒コショウ 小さじ 1/4

● 塩で味わう

● オリーブオイル 1/4℃

● ニンニクのみじん切り 小さじ 4

● 細かく刻んだロマーノチーズ 1/2 ℃

● 細かく刻んだ新鮮な平葉パセリ 大さじ 2

方向

a) パスタをパッケージの表示に従って茹でます。

b) 鍋に水を沸騰させます。その上に蒸し器を置きます。ブロッコリーを蓋をしたまま 6 分間蒸します

c) 鍋を中火にかけます。そこに油を入れて加熱します。その中でニンニクをペッパーフレークと一緒に 2 分間炒めます。

d) 大きなミキシングボウルを用意します。そこに、ソテーしたガーリックミックスとパスタ、ブロッコリー、ロマーノチーズ、パセリ、黒胡椒、塩を加えます。よく混ぜてください。

e) サラダの味付けは調整してください。すぐにお召し上がりください。

f) 楽しむ。

63. ビガレリガトーニバル

奉仕します 6

材料

- リガトーニパスタ 1 1/2 (8 オンス) パッケージ

- フレッシュバジル 6 枚の葉を薄くスライスする

- オリーブオイル 大さじ 2

- 新鮮なコリアンダーの小枝 6 本（みじん切り）

- ニンニク 2 片（みじん切り）

- オリーブオイル 1/4℃

- 豆腐 1/2 パック（水切りして角切り）

- 乾燥タイム 小さじ 1/2

- 醤油 小さじ 1 1/2

- 小さな玉ねぎ 1 個（薄切り）

- 角切りの大きなトマト 1 個

- にんじん 1 本（みじん切り）

方向

a) パスタをパッケージの表示に従って茹でます。

b) 大きな鍋を中火にかけます。そこにオリーブオイル大さじ 2 を入れて加熱します。にんにくを加えて 1 分 30 秒ほど炒めます。

c) タイムを豆腐と混ぜます。9 分間調理します。醤油を加えて混ぜ、火を止めます。

d) 大きなミキシングボウルを用意します。その中にリガトーニ、豆腐ミックス、玉ねぎ、トマト、ニンジン、バジル、コリアンダーを入れます。パスタサラダにオリーブオイルを回しかけ、お召し上がりください。

64.BLTパスタサラダ

1回分 6回分

材料

- エルボマカロニ2 カップ
- マヨネーズ1 1/4 カップ
- バルサミコ酢大さじ2
- 半分に切ったチェリートマト1 カップ
- みじん切り赤ピーマン1/4 カップ
- みじん切りネギ大さじ3
- シュレッドチェダーチーズ1/2 カップ
- 塩コショウ適味
- ディル小さじ1/2
- ベーコンスライス10枚
- 8オンス、みじん切りロメインレタス

方向

a) マカロニを鍋に入れ鍋で10分間茹でます。水を切り、サラダボウルに移します。

b) マヨネーズ、バルサミコ酢、トマト、ピーマン、ネギ、チーズ、塩、コショウ、ディルをマカロニに加え、よくかき混ぜます。

c) 3時間冷やします。

d) ベーコンをカリカリになるまで10分間焼きます。

e) ベーコンの余分な油を切って冷まし、ベーコンを崩します。

f) サラダの上に砕いたベーコンをトッピングします。

g) ロメインレタスの上に盛り付けます。

65. ヌガ ケ ケル

1回分 10回分

材料

- 16オンス卵麺
- バター3/4カップ
- 溶き卵5個
- 砂糖3/4カップ
- アップルソース1 1/2カップ
- レーズン1/2カップ
- 刻んだピーカンナッツ1/2カップ
- バラエッセンス小さじ1
- シナモン大さじ1

方向

a) オーブンを350度で熱します。

b) 沸騰した塩水の鍋に入れて5分間茹でます。ドレイン。

c) 卵麺を大きなサラダボウルに移します。

d) 温かい麺にバターが溶けるまでかき混ぜます。

e) 残りの材料を加えてよく混ぜます。

f) 混合物を9×13インチのガラスの皿に置きます。

g) アルミホイルで覆います。

h) 30分間焼きます。

i) ホイルをはがし、さらに15分間焼きます。

66. トルテッリーニのペストサラダ

1回分 6回分

材料
9オンスチーズトルテリーニ
刻んだアーティチョークのハートのマリネ $\frac{3}{4}$ カップ
刻んだロースト赤唐辛子1/2 カップ
スライスしたカラマタオリーブ1/4 カップ
半分に切ったチェリートマト1/4 カップ
ニンニクのみじん切り3 片
マヨネーズ1/2 カップ
準備されたペストソース1/4 カップ
すり下ろしたパルメザンチーズ大さじ2
オリーブオイル大さじ2
白酢大さじ2

方向
a) 沸騰した塩水の鍋でトルテリーニを5 分間茹でます。
b) 水を切り、冷ますため置いておきます。
c) トルテリーニ、アーティチョークの切り取られた片、ローストした赤ピーマン、カラマタオリーブ、半分に切ったチェリートマト、ニンニクを大きなボウルに入れて混ぜます。
d) 別のボウルにマヨネーズ、ペスト、パルメザンチーズ、オリーブオイル、酢を入れて混ぜます。
e) トルテリーニサラダにドレッシングをかけて和えます。
f) 1時間冷蔵します。

67. 紙雪の炒サラダ

1回分 6回分

材料

- 調理こ(不明)なマルチカラーのエルボーマカロニ パスタ2カップ
- マヨネーズ3/4カップ
- 乾燥イタリアンドレッシング1/2パック
- リンゴ酢大さじ1
- 塩とコショウ 加減
- ニンニクのみじん切り2片
- みじん切りトマト1カップ
- 皮をむいてスライスしたキュウリ1本
- みじん切りの赤ピーマン1/2個
- みじん切りの緑ピーマン1/2個
- スライスしたブラックオリーブ1/2カップ
- 角切りモッツァレラチーズ1/4カップ

方向

a) パスタを袋の指示通りに茹でる。10分間茹でます。ドレイン。

b) 小さなボウルにマヨネーズ、ドライイタリアンサラダドレッシング、酢、塩、コショウ、ニンニクを入れて混合します。

c) 大きめのサラダボウルに茹でたパスタと残りの具を入れ、ドレッシングで和えます。

d) 1時間冷蔵します。

68. カプレーゼパスタサラダ

一人前: **8**

材料:

● 茹でたペンネパスタ **2** カップ

● ペスト **1** カップ

● 刻んだトマト **2** 個

● 角切りのモッツァレラチーズ **1** カップ

● 塩とコショウの味

● オレガノ 小さじ **1/8**

● 赤ワインビネガー 小さじ **2**

方向:

a) パスタをパッケージの指示に従って茹でます。所要時間は約 **12** 分です。ドレイン。

b) 大きなミキシングボウルにパスタ、ペスト、トマト、チーズを入れて混ぜます。塩、コショウ、オレガノで味付けします。

c) その上に赤ワインビネガーを振りかけます。

d) 冷蔵庫で **1** 時間放置します。

69. モッツァレラチーズのフリッターとズザッティ

材料

- ニンニク 2 片

- 新鮮なパセリ 1 束

- サラダ玉ねぎ 3 個。薄くスライスした

- 赤身の豚ひき肉 225 グラム

- おろしたてのパルメザンチーズ 大さじ 2

- オリーブオイル 大さじ 1

- スパゲッティまたはタリアテッレ 150 グラム

- 100 ミリリットルストック

- カットトマト缶 400 グラム

- 砂糖 1 つまみ、醤油 1 少々

- 塩とコショウ

- 卵 1 個

- オリーブオイル 大さじ 1

- 牛乳 75 ミリリットル

- 薄力粉 50 グラム

- スモークモッツァレラチーズ 150 グラム

- ひまわり油; 揚げ物用

- レモン 1 個

方向：

a) ニンニクは潰し、パセリは細かく刻みます。ミンチ、サラダ玉ねぎ、ニンニク、パルメザンチーズ、パセリ、そしてたっぷりの塩、コショウを混ぜ合わせます。

b) 8つの堅いボールに成形します。

c) ミートボールをよく茶色になるまで調理します。ストックを注ぎます。

d) 大きな鍋に塩を加えた熱湯でパスタを茹でます。

70. ワンポイルのクリームコーンスカティーニ

サーブ数: 6

材料

- 有塩バター 大さじ 4

- 4 つの穂の黄色のトウモロコシ、穂軸からスライスされた穀粒

- ニンニク 2 片（みじん切りまたはすりおろし）

- 新鮮なタイムの葉 大さじ 2

- 種を取り、薄くスライスしたハラペーニョまたはフレズノ赤唐
辛子 1 個

- ねぎ 2 本（みじん切り）

- コーシャソルトと挽きたてのコショウ

- ブカティーニ 1 個（1 ポンド箱）

- すりおろしたパルメザンチーズ 1/2 カップ

- 生クリーム 大さじ 2

- 生のバジルの葉 1/4 カップ（ざっくりちぎる）

方向

a) バターを大きなダッチオーブンで中火にかけて溶かします。コーン、ニンニク、タイム、ハラペーニョ、ネギ、そして塩とコショウをそれぞれひとつまみ加えます。時々かき混ぜながら、トウモロコシが黄金色になり、端がキャラメル状になるまで約5分間煮ます。

b) 水4と1/2カップを加え、火を強火にして沸騰させます。パスタを加え、塩で味を調える。液体のほとんどが吸収され、パスタがアルデンテになるまで、頻繁にかき混ぜながら約10分間調理します。

c) 鍋を火から下ろし、パルメザンチーズ、生クリーム、バジルを加えて混ぜます。ソースが濃すぎると感じる場合は、水を加えて薄めてください。すぐにお召し上がりください。

71.ほうれん草とアーティチョークのマックアンドチーズ

サーブ数: 6 〜 8

材料

- 室温に置いた有塩バター 大さじ 6、さらにグリース用に追加

- マカロニなどのショート カット パスタ 1 箱 (1 ポンド)

- 全乳 2 カップ

- 角切りにしたクリームチーズ 1 パッケージ（8 オンス）

- 細切りシャープチェダーチーズ 3 カップ

- コーシャソルトと挽きたてのコショウ

- 挽いたカイエンペッパー

- 刻んだ新鮮なベビーほうれん草を 2 カップ詰めた

- マリネしたアーティチョーク 1 瓶（8 オンス）、水を切り、粗く刻む

- 砕いたリッツクラッカー 1 と 1/2 カップ（約 1 袖分）

- ガーリックパウダー 小さじ 3/4

方向

a) オーブンを **375°F** に予熱します。**9 × 13** インチのグラタン皿にグリースを塗ります。

b) 大きな鍋に **4** カップの塩水を入れ、強火で沸騰させます。パスタを加え、時々かき混ぜながら **8** 分間調理します。牛乳とクリームチーズを加えてかき混ぜ、クリームチーズが溶けてパスタがアルデンテになるまでさらに約 **5** 分間調理します。

c) 鍋を火から下ろし、チェダーチーズ **2** カップとバター大さじ **3** を加えて混ぜます。塩、コショウ、カイエンペッパーで味付けします。ほうれん草とアーティチョークを加えて混ぜます。ソースが濃すぎると感じる場合は、牛乳または水を **1/4** カップ加えて薄めてください。

d) 混合物を準備したグラタン皿に移します。残り **1** カップのチェダーチーズをトッピングします。

e) 中くらいのボウルにクラッカー、残りのバター大さじ **3** 杯、ガーリックパウダーを入れて混ぜます。マカロニアンドチーズの上にパン粉を均等に振りかけます。

f) ソースが泡立ち、パン粉が黄金色になるまで約 **20** 分間焼きます。**5** 分間冷ましてお召し上がりください。残り物は密閉容器に入れて冷蔵保存し、最長 **3** 日間保存できます。

72. 遠敷けほうれん草肉詰め

材料

- ジャンボパスタシェル 1 パッケージ （12 オンス）
- ロースト赤唐辛子とガーリックのパスタソース 1 瓶 (24 オンス)
- クリームチーズ 2 パッケージ (各 8 オンス)、柔らかくした
- ローストガーリックアルフレッドソース 1 カップ
- ダッシュソルト
- ダッシュペッパー
- ダッシュクラッシュレッドペッパーフレーク （オプション）
- シュレッドイタリアンチーズブレンド 2 カップ
- すりおろしたパルメザンチーズ 1/2 カップ
- 冷凍みじん切りほうれん草 1 パッケージ (10 オンス)、解凍して絞って乾燥させたもの
- 細かく刻んで水を詰めたアーティチョークの芯 1/2 カップ
- 細かく刻んだローストスイートレッドペッパー 1/4 カップ
- 追加のパルメザンチーズ （オプション）

方向

a) オーブンを 350°に予熱します。パスタシェルをパッケージの指示に従ってアルデンテに調理します。ドレイン。

b) 油を塗った 13×9 インチの容器にソース 1 カップを広げます。オーブン皿。大きなボウルにクリームチーズ、アルフレッドソース、調味料を入れて混ぜ合わせます。チーズと野菜を混ぜます。スプーンで貝殻に入れます。用意しておいたグラタン皿に並べます。

c) 残ったソースを上から注ぎます。蓋をして **20** 分焼きます。必要に応じて、追加のパルメザンチーズを振りかけます。蓋をせず、さらに **10〜15** 分間、またはチーズが溶けるまで焼きます。

73. バターナッツとチャードのパスタベイク

材料

- 生の蝶ネクタイパスタ 3 カップ
- 無脂肪リコッタチーズ 2 カップ
- 大きな卵 4 個
- 冷凍の角切りバターナッツスカッシュ 3 カップ（解凍して分割）
- 乾燥タイム 小さじ 1
- 塩 小さじ 1/2（小分け）
- ナツメグ粉末 小さじ 1/4
- 粗く刻んだエシャロット 1 カップ
- スイスチャードのみじん切り、茎を取り除いた 1-1/2 カップ
- オリーブオイル 大さじ 2
- パン粉 1-1/2 カップ
- 粗く刻んだ新鮮なパセリ 1/3 カップ
- ガーリックパウダー 小さじ 1/4

方向

a) オーブンを 375° に予熱します。パスタをパッケージの指示に従ってアルデンテに調理します。ドレイン。その間に、リコッタチーズ、卵、カボチャ 1-1/2 カップ、タイム、塩小さじ 1/4、ナツメグをフードプロセッサーに入れます。滑らかになるまで処理します。大きなボウルに注ぎます。

b) パスタ、エシャロット、スイスチャード、残りのかぼちゃを加えて混ぜます。グリースを塗った 13x9 インチに移します。オーブン皿。

c) 大きなフライパンに油を中火で熱します。パン粉を加えます。黄金色になるまで 2〜3 分間かき混ぜます。パセリ、ガーリックパウダー、残りの小さじ 1/4 の塩を加えて混ぜます。パスタ混合物の上に振りかけます。

d) 蓋をせず、固まってトッピングがきつね色になるまで 30〜35 分間焼きます。

ソーセージパスタ

74. 南部ラザニア

1回分 6回分

材料

- オリーブオイル 大さじ2
- 玉ねぎのみじん切り 1個
- シュレッドチェダーチーズ 1 1/2 カップ
- 刻んだ ハラペーニョショウ 大さじ1
- ニンニクのみじん切り 4片
- ホットソーセージミート 3 カップ
- ピントソース 1/2 カップ
- イタリアンシーズニングまたは好みの調味料 小さじ1
- トマトソース 4 カップ
- 細切りペッパージャックチーズ 2 カップ
- コーントルティーヤ 15枚

方向

a) オーブンを華氏350度で熱します。
b) 大きなフライパンにオリーブオイルを入れて熱します。
c) にんにく、ハラペーニョ、玉ねぎを5分間炒めます。
d) ソーセージを加えて炒め、イタリアンシーズニングで味付けします。
e) トマトソースとピントソースを加えて混ぜます。
f) すべての材料をよく混ぜ合わせます。
g) フライパンの蓋をして15分間煮ます。
h) 9×13 のグラタン皿に焦げ付き防止スプレーを塗ります。
i) グラタン皿にトルティーヤ1枚、ソーセージとソースの層、ペッパージャックチーズの層を重ねます。
j) さらに2つのレイヤーを作成します。
k) 3層目にチェダーチーズをのせます。
l) 45分間焼きます。

75. ロマノ リガトーニ キャセロール

奉仕します 6

材料

- 挽きたてのソーセージ 1 ポンド

- ロマーノチーズ 1/4 C. すりおろしたもの

- イタリア風トマトソース 1 缶（28 オンス）

- みじん切りパセリ（飾り用）

- カネリーニ豆 1 缶（14 1/2 オンス）、水気を切り、すすいで
  ください。

- リガトーニパスタ 1 箱（16 オンス）

- ニンニクのみじん切り 小さじ 1/2

- イタリアンシーズニング 小さじ 1

- 3 C. シュレッドモッツァレラチーズ

方向

a) 何かをする前に、オーブンを **350°F** に設定します。大きなキャセロール皿にバターまたは油を塗ります。

b) 大きな鍋を中火にかけます。ニンニクをソーセージに加え、**6** 分間調理します。

c) トマトソース、豆、イタリアンシーズニングを加えて弱火で **5** 分間煮ます。

d) パスタをメーカーの指示に従って茹でます。パスタを湯切りして鍋に入れます。

e) 油を塗ったキャセロールにソーセージパスタミックスの半分を注ぎ、その上にモッツァレラチーズの半分を乗せます。このプロセスを繰り返して、別のレイヤーを作成します。

f) キャセロールにロマーノチーズを乗せ、その上にホイルを置きます。リガトーニキャセロールをオーブンで **26** 分間調理します。

g) リガトーニは温めてお召し上がりください。

76.チーズバラエティーサラダ

奉仕します 8

材料

- 三色ロティーニパスタ 1 (16 オンス) パッケージ

- モッツァレラチーズ 1 パック（8 オンス）

- 1/4 ポンドのスライスペパロニソーセージ

- 1 C. 新鮮なブロッコリーの小花

- イタリア風サラダ 1 (16 オンス) ボトル

- ブラックオリーブ 1 缶（6 オンス）、水気を切る

- ドレッシング

方向

a) パスタをパッケージの表示に従って茹でます。

b) 大きなミキシングボウルを用意します。そこにパスタ、ペパロニ、ブロッコリー、オリーブ、チーズ、ドレッシングを入れます。

c) サラダの味付けを調整し、冷蔵庫で 1 時間 10 分冷やします。提供してください。

77. ローマの楽しい夕

奉仕します 6

材料

- 蝶ネクタイパスタ 1 パッケージ (12 オンス)

- イタリア風プラムトマト缶（水切り）1 缶（28 オンス）

- オリーブオイル 大さじ 2

- 砕いた甘いイタリアン ソーセージ 1 ポンド

- 生クリーム 1 1/2℃

- 塩 小さじ 1/2

- 赤唐辛子フレーク 小さじ 1/2

- 新鮮なパセリのみじん切り 大さじ 3

- 玉ねぎのみじん切り 1/2C

- ニンニク 3 片（みじん切り）

方向

a) パスタを水と塩で**9**分間茹で、液体を取り除きます。

b) ペッパーフレークとソーセージを油で炒め始め、肉が茶色になるまで炒め、ニンニクと玉ねぎを加えます。

c) 玉ねぎが柔らかくなるまで炒め、塩、クリーム、トマトを加えます。

d) 混合物をかき混ぜてから、すべてを静かに沸騰させます。

e) 混合物を弱火で**9**分間穏やかに調理し、パスタを加えます。

f) 混ぜ合わせて麺を均一に調理し、全体にパセリをまぶします。

78. トビウォノニクダコ

奉仕します 8

材料

- 1 ポンドのスイートイタリアンソーセージ、ケーシングを取り除いたもの

- 乾燥オレガノ 小さじ 1/2

- 1 C. みじん切りの玉ねぎ

- トマトソース 1 缶（8 オンス）

- ニンニク 2 片（みじん切り）

- スライスしたズッキーニ 1 1/2 C

- 5 C. ブイヨン

- 8 オンス。フレッシュトルテッリーニパスタ

- 1/2°C の水

- 新鮮なパセリの角切り 大さじ 3

- 赤ワイン 1/2°C

- 大きなトマト 4 個 - 皮をむき、種を取り、角切りにする

- 1 C. ニンジンの薄切り

- 新鮮なバジルの葉を詰めた大さじ 1/2

方向

a) 大きな鍋でソーセージ全体に焼き色をつけます。

b) 次に肉を鍋から取り出します。

c) にんにくと玉ねぎをドリップで炒め始め、ソーセージ、スープ、トマトソース、水、オレガノ、ワイン、バジル、トマト、にんじんを加えます。

d) ミックスを沸騰させ、火を弱め、すべてを 35 分間調理します。

e) 上に浮いた脂を取り除き、パセリとズッキーニを加えます。

f) ミックスをさらに 20 分間調理し続けてから、パスタを加えてすべてをさらに 15 分間調理します。

79. スペイン風ラザニア

奉仕します 12

材料

- 4 C. 缶詰トマト缶

- リコッタチーズ 1 (32 オンス) 容器

- 青唐辛子の角切り 1 （7 オンス） 缶

- 卵 4 個、軽く溶きます

- ハラペーニョピーマン 1 （4 オンス） 角切り缶

- メキシコ風シュレッド 4 種チーズ ブレンド 1 (16 オンス) パッケージ

- 玉ねぎ 1 個（みじん切り）

- ニンニク 3 片（みじん切り）

- 調理不要のラザニアヌードル 1 (8 オンス) パッケージ

- 新鮮なコリアンダーの小枝 10 本（みじん切り）

- グラウンドクミン 大さじ 2

- 2 ポンド チョリソーソーセージ

方向

a) 以下のものを **2** 分間沸騰させ、その後弱火で **55** 分間煮ます：コリアンダー、トマト、クミン、青唐辛子、ニンニク、タマネギ、ハラペーニョ。

b) ボウルを用意し、溶き卵とリコッタチーズを混ぜます。

c) 続行する前にオーブンを **350** 度に設定します。

d) チョリソーを炒めます。その後、余分な油を取り除き、肉をほぐします。

e) グラタン皿にソースを軽くかぶせ、ソーセージ、ソースの **1/2**、シュレッドチーズ **1/2**、ラザニアヌードル、リコッタチーズ、さらに麺、残りのソースすべて、シュレッドチーズを重ねます。

f) ホイルに焦げ付き防止スプレーを塗り、ラザニアを覆います。蓋をしたまま **30** 分、蓋をしないで **15** 分煮ます。

80. ソーセージスパゲティ

一人前: 8

材料:

- 砕いたイタリアンソーセージ 1 ポンド

- スライスしたキノコ 1 カップ

- 角切りセロリ 1/2 カップ

- 玉ねぎのみじん切り 1 個

- ニンニクのみじん切り 3 片

- 42 オンス 市販のスパゲッティソースまたは自家製

- 塩とコショウの味

- オレガノ 小さじ 1/2

- バジル 小さじ 1/2

- 生のジティパスタ 1 ポンド

- 細切りモッツァレラチーズ 1 カップ

- すりおろしたパルメザンチーズ 1/2 カップ

- パセリのみじん切り 大さじ 3

方向:

a) フライパンでソーセージ、マッシュルーム、玉ねぎ、セロリを 5 分間炒めます。

b) その後、ニンニクを加えます。さらに 3 分間調理します。方程式から削除します。

c) 別のフライパンにスパゲッティソース、塩、コショウ、オレガノ、バジルを加えます。

d) ソースを 15 分間煮ます。

e) ソースを調理している間に、パッケージの指示に従って鍋でパスタを準備します。ドレイン。

f) オーブンを華氏 350 度に予熱します。

g) グラタン皿に、ジーティ、ソーセージ混合物、細切りモッツァレラチーズを 2 層に置きます。

h) その上にパセリとパルメザンチーズを散らします。

i) オーブンを 350°F に予熱し、25 分間焼きます。

81. 生焼きラザニア

分量: 4 人分

材料:

- 砕いたスパイシーなイタリアンソーセージ 1 1/2 ポンド

- 市販のスパゲッティソース 5 カップ

- トマトソース 1 カップ

- イタリアンシーズニング 小さじ 1

- 赤ワイン 1/2 カップ

- 砂糖 大さじ 1

- 油 大さじ 1

- ニンニクのみじん切り手袋 5 枚

- 玉ねぎのみじん切り 1 個

- 細切りモッツァレラチーズ 1 カップ

- シュレッドプロヴォローネチーズ 1 カップ

- リコッタチーズ 2 カップ

- カッテージチーズ 1 カップ

- 大きな卵 2 個

- 牛乳 1/4 カップ

- 9 ヌードルラザニアヌードル - パーボイル

- すりおろしたパルメザンチーズ 1/4 カップ

方向:

a) オーブンを華氏 375 度に予熱します。

b) フライパンで、砕いたソーセージを 5 分間焼きます。グリース
   はすべて廃棄してください。

c) 大きめの鍋にパスタソース、トマトソース、イタリアンシーズ
   ニング、赤ワイン、砂糖を入れてよく混ぜます。

d) フライパンにオリーブオイルを入れて加熱します。次に、ニン
   ニクとタマネギを 5 分間炒めます。

e) ソーセージ、ニンニク、タマネギをソースに加えます。

f) その後、鍋の蓋をして 45 分間煮込みます。

g) 混合皿でモッツァレラチーズとプロヴォローネチーズを混ぜ合
   わせます。

h) 別のボウルにリコッタチーズ、カッテージチーズ、卵、牛乳を
   入れて混ぜます。

i) 9×13 のグラタン皿に、12 カップのソースを皿の底に注ぎま
   す。

j) 次に、グラタン皿に麺、ソース、リコッタチーズ、モッツァレ
   ラチーズを三層に並べます。

k) 上にパルメザンチーズを塗ります。

l) 蓋をした皿で 30 分間焼きます。

m) 蓋を開けてさらに 15 分焼きます。

82. 煮込みラザニア

1回分分量 8

材料

- 牛ひき肉1ポンド
- 崩したイタリアンスパイシーソーセージ肉1/2ポンド
- 玉ねぎのみじん切り1個
- ニンニクのみじん切り3片
- スライスしたキノコ1カップ
- トマトソース3カップ 自家製良いですし、瓶詰でも大丈夫です
- 水カップ
- 8オンス トマトペースト
- イタリアンシーズニング小さじ1
- 12オンスオーブンで調理できるラザニアヌードル（通常の種類でも良いです）
- リコッタチーズ1 1/4カップ
- すりおろしたパルメザンチーズ1/2カップ
- 細切りモッツァレラチーズ2カップ
- 細切りモッツァレラチーズ1カップ追加

方向

a) 牛肉、ソーセージ、玉ねぎ、ニンニク、キノコを大きなフライパンで5分間炒めます。

b) 脂肪を抽出します。

c) ソース、水、トマトペスト、イタリアンシーズニングを加えてよく混ぜます。

d) 5分間煮ます。

e) リコッタチーズ、パルメザンチーズ、モッツァレラチーズ2カップをボウルに入れて混ぜます。

f) 肉ソースを二等分に分ける、チーズを混ぜ合わせ層2～3層を作成します。

g) その上に細切りモッツァレラチーズ1カップを乗せます。

h) 低温で4時間調理します。

83. ベーコンとスモークソーセージ

材料

- 生のペンネパスタ 2 カップ
- 1 ポンドのスモークソーセージを 1/4 インチのスライスに切る
- 2%ミルク 1-1/2 カップ
- セロリの凝縮クリームスープ、原液 1 缶（10-3/4 オンス）
- チェダーチーズフライドオニオン 1-1/2 カップ（小分け）
- 部分脱脂モッツァレラチーズを細切りにし、分割して 1 カップ
- 冷凍エンドウ豆 1 カップ

方向

a) オーブンを 375°に予熱します。パスタをパッケージの表示に従って茹でます。

b) その間に、大きなフライパンで茶色のソーセージを中火で 5 分間炒めます。ドレイン。大きなボウルに牛乳とスープを入れて混ぜます。玉ねぎ 1/2 カップ、チーズ 1/2 カップ、エンドウ豆、ソーセージを加えてかき混ぜます。パスタを湯切りします。ソーセージ混合物に混ぜます。

c) グリースを塗った 13x9 インチに移します。オーブン皿。蓋をして、泡立つまで 25〜30 分間焼きます。残りの玉ねぎとチーズを散らします。蓋をせず、チーズが溶けるまでさらに 3〜5 分焼きます。

d) 冷凍オプション: 残りの玉ねぎとチーズを焼いていないキャセロールの上に振りかけます。蓋をして冷凍します。使用する場合は、冷蔵庫で一晩半解凍してください。焼く 30 分前に冷蔵庫から取り出してください。オーブンを 375°に予熱します。指示どおりにキャセロールを焼きます。必要に応じて

加熱し、中央に差し込まれた温度計が 165°を示すまで時間を増やします。

84. ほうれん草3種チーズのソテー詰め

サーブ数: 6 〜 8

材料

● エキストラバージンオリーブオイル 大さじ 2

● 1 ポンドの挽いたスパイシーなイタリアンソーセージ

● サンマルツァーノやポミトマトなどのクラッシュトマト缶 2 缶
  （28 オンス）

● 赤ピーマン 1 個（種を取り、スライス）

● 乾燥オレガノ 小さじ 2

● 砕いた赤唐辛子のフレーク 小さじ 1/2、さらに必要に応じて追
  加

● コーシャソルトと挽きたてのコショウ

● 冷凍みじん切りほうれん草 1 袋（8 オンス）、解凍して絞って
  乾燥させたもの

● ジャンボパスタシェル 1 箱（1 ポンド）

● 16 オンスの全乳リコッタチーズ

● 細切りゴーダチーズ 2 カップ

● 新鮮なバジルの葉 1 カップ（みじん切り）、さらに盛り付け用
  に追加

● 8 オンスのフレッシュモッツァレラチーズ、ちぎったもの

方向

a) オーブンを **350°F** に予熱します。

b) オーブン対応の大きなフライパンにオリーブオイルを入れて中強火で加熱します。油がチラチラしたら、ソーセージを加え、木のスプーンで崩しながら、きつね色になるまで **5〜8** 分炒めます。火を弱め、砕いたトマト、ピーマン、オレガノ、赤唐辛子のフレーク、塩とコショウをそれぞれひとつまみずつ加えます。ソースが少し濃くなるまで **10〜15** 分間煮ます。ほうれん草を加えてかき混ぜます。味を見て、塩、コショウ、赤唐辛子のフレークをさらに加えます。

c) その間に、大きな鍋に塩水を入れて強火で沸騰させます。殻を加え、パッケージの指示に従ってアルデンテになるまで調理します。よく水を切ります。

d) 中くらいのボウルにリコッタチーズ、ゴーダチーズ、バジルを入れて混ぜます。混合物をガロンサイズのジップトップバッグに移します。混合物を袋の隅に押し込み、袋の上部から空気を絞り、その隅を約 **1/2** インチ切り取ります。

e) 一度に **1** つずつ作業し、約大さじ **1** 杯のチーズ混合物を各シェルにパイプで注ぎ、フライパンに置きます。殻にモッツァレラチーズを均等にふりかけます。

f) フライパンをオーブンに移し、チーズが溶けて表面が軽く茶色になるまで、**25〜30** 分間焼きます。

85. クランクラビアII

奉仕します 12

材料

- スイートイタリアンソーセージ 1 ポンド
- 塩 大さじ 1
- 3/4 ポンドの赤身のひき肉
- 挽いた黒コショウ 小さじ 1/4
- 玉ねぎのみじん切り 1/2C
- 新鮮なパセリの角切り 大さじ 4
- にんにく 2 片（みじん切り）
- ラザニア麺 12 個
- クラッシュトマト 1 缶（28 オンス）
- 16 オンス リコッタチーズ
- トマトペースト 2 缶（6 オンス）
- 卵 1 個
- トマトソース缶 2 缶（6.5 オンス）
- 塩 小さじ 1/2
- 1/2°の水
- モッツァレラチーズ 3/4 ポンド（スライス）
- 白砂糖 大さじ 2

- すりおろしたパルメザンチーズ 3/4℃

- 乾燥バジルの葉 小さじ 1 1/2

- フェンネルシード 小さじ 1/2

- イタリアンシーズニング 小さじ 1

方向

a) ニンニク、ソーセージ、玉ねぎ、牛肉を肉が完全に火が通るまで炒めます。次に 2 を追加します

b) パセリ 大さじ 1、砕いたトマト、コショウ、トマトペースト、塩 大さじ 1、トマトソース、イタリアンスパイス、水、フェンネルシード、砂糖、バジル。

c) 混合物を沸騰させ、火を弱めに設定し、内容物を 90 分間静かに調理します。混合物を少なくとも 4 回かき混ぜます。

d) 次に、パスタを水と塩で 9 分間沸騰させ、液体を取り除きます。

e) ボウルを用意し、小さじ 1/2 の塩、リコッタチーズ、残りのパセリ、卵を混ぜ合わせます。

f) 他の作業をする前に、オーブンを 375 度に設定してください。

g) キャセロール皿の底に 1.5 度の肉とトマトの混合物を塗り、その上にラザニア 6 片を置きます。

h) チーズ混合物の半分を加え、次にモッツァレラチーズの 1/3 を加えます。

i) 再び **1.5℃** のトマトミートミックスと **4** 分の **1℃** のパルメザンチーズを加えます。

j) すべての材料が使い果たされるまで、この方法で層を続けます。

k) 最後はモッツァレラチーズとパルメザンチーズで締めくくりましょう。

l) 大きめのホイルを用意し、焦げ付き防止スプレーを塗り、キャセロール皿をホイルで覆い、オーブンですべてを **30** 分間調理します。

m) ホイルを外し、さらに **20** 分間ラザニアを調理し続けます。

n) 少なくとも **30** 分（長いほど良い）すべてを休ませてから皿を盛り付けます。

86. ペンロラヂア

奉仕します 12

材料

- 3/4 ポンドの牛ひき肉
- 挽いた黒コショウ 小さじ 1/4
- サラミ 1/2 ポンド（みじん切り）
- ラザニア麺 9 個
- ペパロニソーセージ 1/2 ポンド（みじん切り）
- 4 C.シュレッドモッツァレラチーズ
- 玉ねぎ 1 個（みじん切り）
- 2C.カッテージチーズ
- トマト煮込み缶 2 缶（14.5 オンス）
- ホワイトアメリカンチーズ 9 枚
- 16 オンス トマトソース
- すりおろしたパルメザンチーズ
- 6 オンス トマトペースト
- ガーリックパウダー 小さじ 1
- 乾燥オレガノ 小さじ 1
- 塩 小さじ 1/2

方向

a) ペパロニ、牛肉、玉ねぎ、サラミを 10 分間炒めます。余分な油分を取り除きます。コショウ、トマトソースとペースト、塩、トマト煮込み、オレガノ、ガーリックパウダーを加えて、すべてを低温のスロークッカーに入れて 2 時間煮ます。

b) 続行する前に、オーブンを 350 度に設定します。

c) ラザニアを塩水でアルデンテになるまで 10 分間茹で、水をすべて取り除きます。

d) グラタン皿にソースを軽くかぶせ、麺 1/3 個、モッツァレラチーズ 1 1/4 度、カッテージチーズ 2/3 度、アメリカンチーズスライス、パルメザンチーズ 大さじ 4、肉 1/3 を重ねます。皿がいっぱいになるまで続けます。

e) 30 分間調理します。

クラシックパスタ

87. ラーメンサラダ

1回分 6回分

材料

- 6オンス砕いたラーメン麺の
- アーモンドスライス1 カップ
- ごま大さじ1
- キャノーラ油1/4
- 白酢大さじ3
- ラーメン味パック1個
- 白糖1/2 カップ
- 醤油大さじ2
- スローミックス2 カップ パッケージ
- 刻んだヒマワリの実1/2 カップ
- ネギみじん切り4本
- 塩コショウ 味

方向

a) ラーメンの麺、スライスしたアーモンド、ゴマを天板に置き 350 度で10分間焼きます。冷まします。

b) 小さな鍋に油、酢、砂糖、ラーメン味パック、酢を入れて1分間熱します。

c) 醤油を加えてかき混ぜます。

d) スローミックス、ビネギをサラダボウルに移します。

e) 麺混合物と酢の混合物を加えてよく混ぜます。

f) 必要に応じて、塩コショウで味付けします。

88. エンジェルスのカルボナーラ

1回分 2回分

材料

- ベーコン4枚
- エンジェルヘアパスタ1/2ポンド
- プレーンサワークリーム1/4カップ
- 生クリーム1/4カップ
- すりおろしたペコリーノロマーノ1/4 カップ
- 卵1個
- イタリアンシーズニング小さじ1/4
- 赤唐辛子フレーク小さじ1/4
- ガーリックソルト小さじ1/2

方向

a) ベーコンをスキレットで7分間炒めます。
b) 水気を切り冷まし、砕きます。
c) エンジェルヘアを塩水の入った鍋で5分間茹でます。ドレイン。
d) ヨーグルト、サワークリーム、ペコリーノロマーノ、卵、すべての調味料をボウルに入れて混ぜます。
e) パスタをチーズミックスと和え、その上に砕いたベーコンを乗せます。

89. ペネウォッカノーラ添え

1回分量 4

材料

- 16オンスペネ
- オリーブオイル大さじ1
- 玉ねぎのみじん切り1個
- ニンニクのみじん切り3片
- 刻み生ハム1/4ポンド
- 28オンス缶詰クラッシュトマト
- トマトソース1カップ
- ウォッカ1/2カップ
- 生クリーム1カップ
- パルメザンチーズ1カップ
- 刻み新鮮なバジルの葉1/2 カップ
- タイム小さじ1/4
- パセリのみじん切り大さじ1
- 塩はお好みで
- 砂糖小さじ1

方向

a) パスタを塩を入れ鍋で0分間茹でます。ドレイン

b) 大きなフライパンまたは別の鍋に油を入れて熱します。

c) 玉ねぎ、にんにく、生ハムを分間炒めます。

d) 砕いたトマトとトマトソースを加えます。

e) かき混ぜて5分間煮ます。

f) ウォッカと生クリームを加え、20分間煮ます。

g) バジル、タイム、パセリ、塩、砂糖で味付けします。

h) 味見をして調味料を調整してください。

i) 茹でたパスタとパルメザンチーズを加えて混ぜ、5分ほど煮ます。

250

90. ペンネアラウォッカ

サーブ数: **8**

材料

- 有塩バター 大さじ **4**

- ニンニク **2** 片（みじん切りまたはすりおろし）

- 砕いた赤唐辛子のフレーク 小さじ **1/2**

- ウォッカ **1/2** カップ

- サンマルツァーノトマトやポミトマトなどのトマト缶 **1** 缶（**28** オンス）

- サンドライトマト **1/2** カップをオリーブオイルに漬け、水気を切ってみじん切りにする

- コーシャソルトと挽きたてのコショウ

- 生クリーム **3/4** カップ

- ペンネ **1** 箱（**1** ポンド）

- すりおろしたパルメザンチーズ **1** カップ、さらに盛り付け用

- フレッシュバジル（サービング用）

方向

a) 大きな鍋にバター、ニンニク、赤唐辛子のフレークを入れ、中弱火で混ぜます。バターが溶けてニンニクの香りが立つまで、よくかき混ぜながら約 5 分間煮ます。ウォッカを加えて沸騰させます。3 分の 1 になるまでさらに 2～3 分煮ます。砕いたトマト、ドライトマト、塩とコショウをそれぞれひとつまみ加えます。ソースを中火でわずかに減るまで 10～15 分間煮ます。ソースをブレンダーに移すか、浸漬ブレンダーを使用してソースを滑らかになるまで 1 分間ピューレ状にします。クリームが混ざるまでかき混ぜます。

b) その間に、大きな鍋に塩水を入れて強火で沸騰させます。ペンネを加え、パッケージの表示に従ってアルデンテになるまで煮ます。水を切り、パスタとパルメザンチーズをソースに加え、混ぜ合わせます。

c) 伝統的に提供するには、パスタを 8 つの皿またはボウルに分けます。バジルとパルメザンチーズを飾ります。

91. 芽キャベツのモンバジル炒タ

サーブ数: **8**

材料

- ブカティーニやフェットチーネなどのロングカットパスタ **1** 箱
  （**1** ポンド）

- **4** オンスの薄くスライスした生ハム、ちぎったもの

- エキストラバージンオリーブオイル 大さじ **3**

- 芽キャベツ **1** ポンド（大きい場合は半分または **4** 分の **1**）

- コーシャソルトと挽きたてのコショウ

- バルサミコ酢 大さじ **2**

- 種を取り、みじん切りにしたハラペーニョペッパー **1** 個

- 新鮮なタイムの葉 大さじ **1**

- レモンバジルペスト **1** カップ

- **4** オンスのヤギチーズ、砕いたもの

- すりおろしたマンチェゴチーズ **1/3** カップ

- レモンの皮と果汁 **1** 個分

方向

a) オーブンを **375°F** に予熱します。

b) 大きな鍋に塩水を入れて強火で沸騰させます。パスタを加え、パッケージの表示に従ってアルデンテになるまで茹でます。パスタの茹で汁を **1** カップ取っておき、水を切ります。

c) その間に、クッキングシートを敷いた天板に生ハムを均等な層に並べます。カリカリになるまで **8〜10** 分間焼きます。

d) パスタが調理され、生ハムが焼かれている間に、大きなフライパンにオリーブオイルを入れて中火で加熱します。油がチラチラしたら、芽キャベツを加え、時々かき混ぜながら、きつね色になるまで **8〜10** 分間調理します。塩とコショウで味付けします。火を中弱火に下げ、酢、ハラペーニョ、タイムを加え、新芽に艶が出るまでさらに **1〜2** 分煮ます。

e) フライパンを火から下ろし、水気を切ったパスタ、ペスト、ヤギチーズ、マンチェゴ、レモンの皮、レモン汁を加えます。パスタのゆで汁約 **1/4** カップを加えてかき混ぜ、ソースを作ります。

f) 希望の濃度に達するまで、一度に大さじ **1** ずつ追加します。味を見て、必要に応じて塩とコショウを追加します。

g) パスタを **8** つのボウルまたは皿に均等に分け、それぞれにカリカリの生ハムをトッピングします。

92. クテュタベイク

奉仕します 6

材料

- クリミニキノコ 8 個

- パルメザンチーズ 1/3 ℃(すりおろし)

- 1 C.ブロッコリーの小花

- プロヴァンスのハーブ 大さじ 3

- 1 C.ほうれん草、新鮮な葉、しっかりと詰められた

- エキストラバージンオリーブオイル 大さじ 2

- 赤ピーマン 2 個（千切り）

- 塩 大さじ 1

- 玉ねぎ 1 個（みじん切り）

- コショウ 大さじ 1/2

- 1 C. モッツァレラチーズ（細切り）

- 1.C.トマトソース

- パスタ 2/3 ポンド（フェットチーネまたはペンネが適しています）

方向

a) 何かをする前に、オーブンを **450°F** に設定します。キャセロール皿に油またはクッキングスプレーを塗ります。

b) 大きなミキシングボウルを用意します。その中にキノコ、ブロッコリー、ほうれん草、ピーマン、玉ねぎを入れます。

c) オリーブオイル大さじ **1**、塩、こしょうを加えてさらに混ぜます。

d) 油を塗った皿に野菜を並べてオーブンで **10** 分ほど焼きます。

e) パスタをデンテになるまで茹でます。パスタを湯切りして脇に置きます。

f) 大きめのミキシングボウルを用意します。大さじ **1** 杯のオリーブオイルと焼き野菜、パスタ、ハーブ、モッツァレラチーズを混ぜます。ミックスをキャセロール皿に戻します。

g) 上にチーズを散らして **20** 分ほど焼きます。温めてお召し上がりください。

93. サニホントス サウティ

奉仕します 2

材料

- 2 1/2℃で茹でたスパゲッティ

- オレガノ 小さじ 1

- 1/4℃ オリーブオイル

- 新鮮なニンニク 大さじ 2

- ペペロンチーニ 8 個（細かく刻む）

- スパゲッティソース 1/2C

方向

a) 大きな鍋を中火にかけます。そこに油を入れて加熱します。ハーブとピーマンを加え、4 分間煮ます。

b) 茹でたスパゲッティにソースを加えて混ぜ、3 分ほど茹でます。

c) スパゲッティはすぐに温めてお召し上がりください。

94. プッタネスカ

奉仕します 4

材料

- 8 オンス。パスタ

- トマトペースト 大さじ 2

- オリーブオイル 1/2℃

- ケッパー 大さじ 3

- ニンニク 3 片（みじん切り）

- ギリシャ産オリーブ 20 個（種を取り、粗く角切りにする）

- 2 C.角切りトマト

- 砕いた赤唐辛子のフレーク 小さじ 1/2

- アンチョビフィレ 4 枚（洗って角切り）

方向

a) パスタを水と塩で**9**分間茹で、液体をすべて取り除きます。

b) 次に、ニンニクを油で全体が茶色になるまで炒めます。

c) 次にトマトを加え、混合物を**7**分間調理してから、ペッパーフレーク、アンチョビ、オリーブ、トマトペースト、ケッパーを加えます。

d) 混合物を**12**分間調理し、すべてを少なくとも**2**回かき混ぜます。

e) 次にパスタを加え、麺を均一にコーティングするためにすべてをかき混ぜます。

95. パルメザンオムレツ

奉仕します 6

材料

- バター **1/2** *C.* 分割

- ガーリックパウダー 適量

- パールオニオン **8** 個

- 塩とコショウの味

- **1** *C.* 生のオルゾパスタ

- すりおろしたパルメザンチーズ **1/2**℃

- スライスした新鮮なキノコ **1/2** ℃

- 新鮮なパセリ **1/4**℃

- **1**℃の水

- 白ワイン **1/2**℃

方向

a) 玉ねぎをバターの半分で茶色になるまで炒め、残りのバター、マッシュルーム、オルゾを加えます。

b) すべてを 7 分間揚げ続けます。

c) 次に、ワインと水を加えてすべてを沸騰させます。

d) 混合物が沸騰したら、火を弱め、コショウ、塩、ガーリックパウダーを加えて 9 分間すべてを調理します。

e) オルゾが完成したら、パセリとパルメザンチーズをトッピングします。

96. パタルティカ

準備時間：10 分

調理時間:35 分

奉仕します 4

材料

- ファルファッレ（蝶ネクタイ）パスタ 1 ポンド

- マッシュルーム 1 パック（8 オンス）、スライス

- オリーブオイル 1/3℃

- 乾燥オレガノ 大さじ 1

- にんにく 1 片（みじん切り）

- パプリカ 大さじ 1

- バター 1/4C

- 塩とコショウの味

- 小さなズッキーニ 2 個（4 等分してスライス）

- 玉ねぎ 1 個（みじん切り）

- トマト 1 個（みじん切り）

方向

a) パスタを水と塩で **10** 分間茹でます。余分な液体を取り除き、脇に置きます。

b) 塩、コショウ、ニンニク、パプリカ、ズッキーニ、オレガノ、マッシュルーム、タマネギ、トマトをオリーブオイルで **17** 分間炒めます。

c) 野菜とパスタを混ぜます。

97. ドイツのエッグタルト

奉仕します 6

材料

- コーシャーソルト

- 平葉パセリみじん切り 大さじ 3

- 幅広エッグヌードル 1 (12 オンス) パッケージ

- 挽きたての黒胡椒

- 冷たい無塩バター 大さじ 4〜6（細かく刻む）

方向

a) 軽く塩を加えた熱湯を入れた大きな鍋で、時々かき混ぜながら、卵麺を約 5 分間調理します。

b) 水をよく切り、調理液を 1/4℃ とっておきます。

c) 中くらいのフライパンに、取っておいた熱い調理液を弱火で加えます。

d) バターをゆっくりと加え、クリーミーなソースが形成されるまで混ぜ続けます。

e) パセリ、塩、黒胡椒を加えて混ぜます。

f) 麺を加えてよく絡めるように炒めます。

g) すぐにお召し上がりください。

98. クルミ入りイタリアンヌードル

奉仕します 4

材料

- 12 オンス 卵麺

- 塩 1 つまみ

- 無塩バター 1/2℃

- コショウ 小さじ 1/4

- 白パン 2 枚、ちぎる

方向

a) 大きな鍋にお湯を沸かし、パッケージの表示に従って卵麺を準備します。

b) 一方、クルトンの場合は、小さなフライパンにバターを中火で溶かし、パン片を軽くカリカリになるまで調理します。

c) 塩と黒コショウを加えて混ぜ、すべてを火から下ろします。

d) ボウルに麺とクルトンを混ぜて出来上がり

99. たっぷり タジュロ ヂア

275

材料

- 細切りモッツァレラチーズ 4 カップ
- リコッタチーズ 1 カートン（15 オンス）
- 冷凍みじん切りほうれん草 1 パッケージ (10 オンス)、解凍して絞って乾燥させたもの
- ジャンボパスタシェル 1 パッケージ (12 オンス)、茹でて水気を切る
- スパゲッティソース 3-1/2 カップ
- すりおろしたパルメザンチーズ（オプション）

方向

a) オーブンを 350°に予熱します。チーズとほうれん草を混ぜ合わせます。貝殻に詰める。グリースを塗った 13x9 インチに配置します。オーブン皿。スパゲッティソースを貝殻の上に注ぎます。蓋をして火が通るまで約 30 分焼きます。

b) 焼き上がった後にお好みでパルメザンチーズをふりかけます。

100.　スカォーラディパタ

方向

d) パスタ生地を丸めるには、パスタシーターのゲージを最も厚い設定に調整します。

e) 天板にセモリナ粉をまぶします。

f) パスタ生地を冷蔵庫から取り出し、**4** 等分に切ります。

g) 生地の一部に小麦粉を軽くまぶし、パスタシーターに通し、シーターを通過させるときに生地に再び小麦粉をまぶして、長いシートを作成します。

h) シーターを次に薄い設定に調整し、生地を再度通します。ゲージを通過するまで、この方法で生地をシーターに通し続けます。

i) 準備しておいたベーキングシートの上にシート状の生地を置き、同じように残りの部分をシート状に敷き、シート同士がくっつかないようにシート状のパスタにセモリナ粉をまぶします。

j) 型を使用するか、パスタが凍るまでベーキングシートを冷凍庫に数時間入れます。**2** 週間以上冷凍したいという誘惑には抵抗してください。冷凍庫ではパスタの水分が失われ、ひび割れや破損が発生し、歯ごたえが失われます。

k) お湯に塩を入れてパスタをアルデンテに茹でます。

l) パスタから少し水が滴る程度にして、パスタを素早く湯切りし、すぐにソースの入った鍋に加えます。

結論

パスタにはさまざまな形、形、サイズがあります。ただパスタ生地を作るだけではありません。それは、一度作った後にそれを使って何をしようとしているかでもあります。たとえば、パスタ生地を作る最も簡単な方法は、パスタ生地を丸めてからリングイネ型の長いストリップに切ることです。これは最も基本的なパスタ作りであり、パスタ初心者にとって最初の選択となることがよくあります。しかし、それ以外にもできることはたくさんあり、この本では、作りたてのパスタ生地を使って他に何ができるかを示します。

Milton Keynes UK
Ingram Content Group UK Ltd.
UKHW020629250923
429338UK00017B/861